Basics of Cost Management

これだけは知っておきたい

「原価」のしくみと上手な下げ方

改訂版

基本から原価計算まで丸わかり！

“普通のビジネスマン”だって、
原価のことを知らないと勝ち残れない！

◉直接費、間接費、固定費、変動費…とは？
◉原価計算のやり方は？
◉適正原価をどう決めればいいか？
◉確実なコストダウンの方法とは…etc.

公認会計士・税理士
久保豊子【監修】

フォレスト出版

原価のしくみ、コストダウンの方法がわかります！——はじめに

あなたは、どんな理由でこの本を手にとったのでしょう。

そもそも「原価」を下げるには、原価のしくみを知らなくては……そんな理由でしょうか。では、原価を上手に下げる——つまりコストダウンができるようになりたいと思ったのは、どういうキッカケからですか。

商品や製品には「値段」がありますね。その値段は、いい加減に決められてはいません。「売って利益を出す」ためには、原価は少ないほどいい。けれども、無計画に原価を下げたのでは、粗悪品になりますよね。

つまり**商品や製品の品質を下げずに、原価を下げるには、〝原価のコト〟を知っておかなくてはならない**のです。

あるいは、ビジネスではいろいろな数字が出てきます。この**数字に強くなるため、まず原価のことを知っておかなければ……**と思われたかもしれません。新社会人で、ビジネスマンとして原価のことを知っておかなければ、と考えた方もいるはずです。

もっと切実な理由も考えられますね。

仕入れ担当などの仕事で、会社からはいつもコストダウンを求められている。仕入れ値を下げる以外のコストダウンの方法が知りたい……。

または、**製造部門に配属されてコスト意識を強く持つよう言われた。**でも配属前はスタッフ部門だったから、コストとか原価のことはほとんどわからない……。あるいは、原価計算の担当になってあわてている人もいるでしょう。

マネージャークラスの方だったら、**マネジメント業務の上から必要としているケースもあります。**たしかに製造部門でなくても、営業や研究開発のマネージャーなどは、原価やコストの知識が求められます。マネージャーの方たちが率いる営業部門や開発部門が、製造部門と密接に連携していくためにも、それは大切なことです。

または、**小さな会社の経営者の方。**原価の管理もコストダウンも、小さな会社ではどうしても経営者の仕事になってしまいますよね。

さらに、仕事やビジネスとは関係なく、**「モノの値段って、どうやって決まるんだろう」**と素朴に思っている方……。たとえば家庭の主婦の方も、もしかしたら手にとったかもしれません。

原価がわからないと何もわからない！

こんなにもさまざまなケースと場面で、「原価のしくみとコストダウンの方法を知ること」が求められているのです。それはなぜかといえば、原価のことがわからないと結局、会社のことが何もわからないからです。

原価がわからないと、商品やサービスをいくらで売ったらいいかわからない。売ったら売ったで、いくら利益が出たのかもわからない。もちろん、コストダウンなんてできっこない。それどころか、来年度の予算が立てられないから計画ができない。

いやそれ以前に今年度の決算ができない……。

本文できちんと説明しますが、原価がわからなかったり、計算を間違ったりしていると、そんなことになるんです。これでは、ビジネスになりませんよね。

原価を計算しないと何も始まらない！

とはいえ、原価のしくみってむずかしい。

原価って材料費のことじゃないの？　私の人件費は原価？　それとも原価じゃない？　固定費と変動費って何のこと？　コストダウンのコストって、原価とどう違うの？　……一般常識では理解できないことばかりですね。

ましてや、「原価計算」なんていったら、ややこしい計算の代名詞です。**直接費と間接費？　労務費と経費？　そんな分類がいったい何の役に立つんだ！**　とキレてしまいそうになるかもしれませんね。

でも、ちょっと待ってください。そういった分類などをきちんとしないと、いい加減な原価計算になり、そもそも会社の利益が計算できないのです。

どの会社の決算書でも、損益計算書の上から2番目で「売上原価」という原価を計算します。そして1番目の「売上高」から2番目の売上原価を引くと、第1段階の利益が計算されるというわけです。

売上原価を計算しないと、そもそも利益の計算が何も始まらないんです。

■この一冊で原価とコストダウンのことがザックリわかります！

「原価の計算が必要不可欠なことはわかった。でも、やっぱりむずかしそう……」

そうおっしゃる方が多いかもしれません。

でも、あきらめる前にこの本をパラパラとめくってみてください。**豊富な図表とわかりやすい解説で、原価のしくみとその上手な下げ方がスッキリわかるようになっています。**左ページの図だけ眺めてもらってもＯＫです。図だけでも充分、ポイントがわかります。

また、製造業の製造原価だけでなく、販売業の仕入原価や広い意味での原価にも触れました。ですから、製造業の仕入れ担当者や原価計算担当者だけでなく、**どんな業種のどの職種の方にも役立つようになっています。**

この一冊を読むだけで、あなたは原価のしくみと上手な下げ方をザックリ押さえることができるでしょう。

■原価を知らずにこれからのビジネスは考えられない！

日本では近年、物価上昇率が上がらない――物価が比較的低いまま推移する状況が続いています。日銀が掲げた物価上昇率の目標も、長い期間にわたって達成されませんでしたね。その背景には、根強い消費者の節約志向があるといわれています。

このような状況で商品やサービスの価格を上げることはむずかしいので、企業にとってはより一層の原価管理が重要です。逆にコストダウンができれば、価格は据置きのまま、企業の利益を増やすことだってできます。

ましてや**この先、日本では増税の傾向が続くことでしょう。増税分を価格に転嫁できれば簡単ですが、消費者の節約志向を考えると簡単には踏み切れません**よね。

そのとき力を発揮するのが、しっかりした原価管理と上手なコストダウンです。増税後に「コスト削減努力により2％値下げ」などと謳《うた》うことができれば、その会社の商品やサービスは人気になること間違いありません。

こうしたことを考えても今の日本において、原価のしくみを知るのはビジネスの常識といっていいでしょう。原価とは何なのか？　何が含まれているのか？　どのように計算して、そこからどうコストダウンするか？　それらを知らずには、令和の時代のビジネスは考えられません。

この本を読んで、原価のしくみをしっかり理解し、原価計算……とまではいかなくても、日常のコストダウンなどに生かしていきましょう。

本書の読み方──改訂にあたって

この本は２００４年に刊行され、６刷を重ねたベストセラーの初版に、最新の情報を加えて加筆修正したものです。

全体の構成と表現を、わかりやすく整理してあります。新しい原価計算については、新たなページを設けて説明を加えました。

この本の構成を紹介しましょう。

プロローグでは、身近なケースを見ながら、なぜ「原価」を知ることが重要なのかについて説明していきます。

第1章では、そもそも原価とは何か、原価と原価計算の基本を押さえます。

第2章では、原価を構成する要素や原価の分け方などのアウトラインを説明します。直接費と間接費、変動費と固定費といった用語の意味も、ここで判明することでしょう。

第3章では、原価の中身を見ていきます。原価の3要素である材料費、労務費（人件費）、経費について、簡単な算出方法も交えながら説明します。

第4章では、原価計算の具体的な手順を見ていきましょう。

第5章では、コストダウンの方法について考えます。つねにコスト意識を持ち、コストを下げていくにはどうすればいいかを説明します。

エピローグには、中小企業庁による「中小企業実態基本調査」から算出した業種別の原価を掲載しました。原価の構造は業種によって異なります。自社の業界の原価はどうなっているのか、ここでつかんでください。

原価を知る、原価のしくみを知るということは、ビジネスの数字を知ることでもあります。本書がみなさんのコスト感覚を磨く一助となり、最終的にあなたの会社のコストダウンにつながることを望みます。

２０１９年７月

公認会計士　久保豊子

改訂版 これだけは知っておきたい「原価」のしくみと上手な下げ方

目次

原価のしくみ、コストダウンの方法がわかります！——はじめに……3

■原価がわからないと何もわからない！　5
■原価を計算しないと何も始まらない！　6
■この一冊で原価とコストダウンのことがザックリわかります！　7
■原価を知らずにこれからのビジネスは考えられない！　8
■本書の読み方——改訂にあたって　9

プロローグ

「原価」のしくみを知るのは仕事の常識です！

個人消費が伸びない今の時代こそ、売上や利益以上に、「原価」に注目することが大切になります。

1 モノの値段はどうやって決まっているのか？……26

⬇決め方はいろいろあるが、基本は「原価」に儲けを加えること

◆「出血大サービス」から「とんでもない暴利」まで、いろいろある

◆基本は「原価」プラス儲け

2 もしモノの原価がわからなかったら、どうなる？……28
売るモノの値段が決められず、儲けもわからなくなる！
◆いくらで売るか、いくら儲かったかがわからない
◆「原価」はビジネスの基本です

3 たくさん売ると値段が下がるのは、なぜ？……30
一見儲けの出ない激安セールも、原価のしくみから覗いてみると……

4 分けられない原価を、どうやって分けたらいいの？……32
原価を正しく計算するには一定のルールがある
◆トンカツ弁当屋さんの、ごはんとトンカツのガス代を分けてみる
◆原価を振り分けるにはルールがある

5 大量生産・大量販売で安く売れるのは、なぜ？……34
「原価」のしくみを利用すると、格安で売ることができる
◆原価の中にも2種類の原価がある
◆100円ショップのカラクリは？

第1章

そもそも「原価」とは何だろう

ひと口に原価といってもいろいろな意味があります。
まずはアウトラインをつかもう。

1 「原価」はどのように計算されるのか？……38
⬇ 商品を仕入れる場合と製品を作る場合で違う
◆商品の「仕入値段」のほうはすぐにわかるが……
◆製品を作る場合の費用は？

2 「仕入原価」「製造原価」はどんな原価？……42
⬇ 仕入値段や材料代だけが「原価」ではない
◆仕入値段に付随費用を加えたのが「仕入原価」
◆「製造原価」には、さらにいろいろな費用がかかる
◆販売業では面倒な原価計算は必要ない⁉

3 「広い意味の原価」と「狭い意味の原価」……46
⬇ いったいどこまでが「原価」になるのだろう
◆製造原価でなければ原価ではないのか？
◆どんな製品にも「販売費及び一般管理費」がかかっている

4 「販売費及び一般管理費」はどんな原価？……50
⬇ 同じ費用でも製造原価でなく、販売費及び一般管理費になるものがある
◆販売費及び一般管理費は「営業費」ともいう
◆販売費及び一般管理費にも「固定費」「変動費」がある

5 原価にならないコストもあるの？……54
会社の本業に関連しない費用や支出は「非原価項目」になる
◆原価にならない非原価項目はどこに行く？
◆天災やドロボウによる損害、税金や株主配当は原価にならない
◆経営目的に関連しない費用や支出は原価にならない

6 「売上原価」はどうやって計算するのか？……58
製品・商品の「棚卸」をすると、売上原価が計算できる
◆「売上原価」イコール製造原価・仕入原価ではない
◆「棚卸」をして売れた分をつかむ
◆「粗（アラ）利益」も簡単に計算できる

7 販売価格の中身は、要するにこうなっている……62
仕入原価・製造原価に販売費及び一般管理費を加えたものが「総原価」
◆販売業の商品販売価格はわりと簡単
◆製造業の製品販売価格の中身を見てみよう

第2章 「原価」はどうやって計算するの？

一見、複雑な原価の計算も、
基本のしくみを押さえれば意外と理解しやすいのです！

1 要するに「原価計算」は何の役に立つのだろう……68
わざわざ複雑そうな計算をするのは、まとめてみれば5つの目的のため
◆原価計算の主な目的は、要するに5つ
◆複雑そうな計算やしくみも、この目的のため

2 原価には「原価の3要素」がある……72
「材料費」「労務費」「経費」の3つの分類が原価計算の基本
◆決算書をつくるしくみから原価を3つに分類すると……
◆さまざまな種類の費用も3つに分類できる
◆さらに、原価が使われた目的によって分類する

3 原価は「直接費」と「間接費」に分けられる……76
「1個当たりいくら」と、直接つかめる原価とつかめない原価
◆原価を「直接費」と「間接費」に分けるには？
◆原価の3要素を「直接費」と「間接費」に分ける

4 もともと分けられない間接費をどう振り分けるか？……80
製造間接費は、適当な「配賦基準」によって配賦する
◆「配賦基準」とはどういうものか？
◆配賦基準にはどんなものが適当か？

5 原価をコントロールする原価計算とは？……82
「標準原価計算」「直接原価計算」は原価管理や改善のための原価計算
◆「原価計算」は3種類ある
◆「原価」にも3つの考え方がある

6 要するに「固定費」「変動費」とは何？……86
たくさん作るほど増える原価と、たくさん作っても変化しない原価
◆原価を「固定費」と「変動費」に分ける
◆作らなくても発生するのが「固定費」、製造量によって変わるのが「変動費」
◆「固定費」「変動費」に分けると何ができる？

7 「原価計算制度」とはどういうものだろう……90
「財務会計」のシステムと緊密に結びついて、常時継続的に計算を行なう
◆原価の計算を行なうルールをつくっておく
◆「財務会計」の帳簿に組み入れて記録・計算する

第3章 それでは「原価」の中身を見てみよう

材料費、労務費、経費――いろいろな原価の中身をのぞいてみると、ビジネスのことがわかってくるのです！

1 「材料費」の中身は、いわゆる「材料」だけではない……94
モノの「消費によって生ずる原価」はすべて材料費になる

◆小麦粉や木材だけが材料費なの?
◆工具や備品でも「消費」されるものは材料費

2 ひと口に材料費といっても、実は5種類の原価……96
⬇主要材料費、買入部品費、燃料費、工場消耗品費、消耗工具器具備品費の5つ
◆5種類の材料費とは?
◆「直接材料費」と「間接材料費」がある

3 使った分の材料費だけを計算するには?……100
⬇材料費は、実際の消費量に価格をかけて計算する
◆仕入れた材料代全部が材料費ではない
◆「消費量」と「消費価格」をかけると材料費になるが……
◆使った分の材料だけを計算する方法

4 材料の値段が変わったときに材料費を計算するには?……104
⬇「先入先出法」「後入先出法」などの計算方法で、材料の消費価格を求める
◆材料の値段が変わる前の価格か、変わった後の価格か
◆消費価格の計算方法で材料費が変わる

5 運賃や事務費用も材料費のうち?……108
⬇材料の引取費用や購入事務などの費用を合わせて「材料副費」という
◆材料の仕入れにもいろいろな付随費用がかかる
◆購入代価に「材料副費」を加えたものが材料費

6 「労務費」に含まれる人件費の種類は？……110
給料・ボーナス・手当などのほか、退職金や社会保険のための費用も計算する
◆労務費には6種類の人件費が含まれている
◆製造現場で働く人の「賃金」から、社会保険料の「福利費」まで、いろいろ

7 「20日締め25日支払い給料」のズレを調整する……114
「支払労務費」を原価計算の「消費労務費」に合わせて控除・加算する

8 労務費を直接労務費と間接労務費に分ける……116
「直接工」の「直接作業時間」を求め「平均予定賃率」などの金額をかける
◆まず「直接作業時間」を計算する
◆「賃率」を求めてかけた額が直接労務費、それ以外が間接労務費

9 「経費」とは要するにどういう原価か？……120
身近な「旅費交通費」から、工場全体に関わる「減価償却費」まで含まれる
◆「経費」は雑多な費用の集まり？
◆材料費・労務費以外の原価はすべて経費

10 経費は4つの計算方法に分類できる……122
支払経費、月割経費、測定経費、発生経費の違いとは？
◆雑多な経費をどう分類する？
◆経費にも「直接経費」と「間接経費」がある

第4章

正しい「原価」と利益の計算方法

原価の計算の方法を、
もう少し具体的に見てみよう！

1 原価計算にはルールと手順がある …… 128
まず費目別に分類し、次に部門別、最後に製品別に
◆「製品単位」に計算する
◆1カ月を期間として計算する
◆3段階に分けて計算する

2 原価を分類する「費目別計算」とは？ …… 132
原価の3要素を基本にした分類が、原価計算の第1段階になる
◆一定期間の原価を分類して集計する
◆財務会計の費用計算が、要するに「費目別計算」

3 製造間接費を振り分ける「部門別計算」とは？ …… 134
第2段階では「原価部門」別に原価を分類する
◆なぜ「部門別計算」が必要なのか？
◆分類のための「原価部門」とは？
◆製造部門の部門個別費は「賦課」し、それ以外は「配賦」する

4 間接費を3つの配賦法と配賦基準で振り分ける …… 138
補助部門同士のサービスを、どう計算するかによって配賦法が変わる

5 製品の原価を出す「製品別計算」とは? …… 140
直接費を賦課し製造部門費を配賦して製品ごとに計算する
◆「製品別計算」では何を計算するか?
◆製造部門費を製品ごとに配賦するには?

6 製品の「単位原価」を計算しよう …… 144
完成品の原価を数量で割れば単位原価が計算できるが……
◆製造途中の「仕掛品」はどうする?
◆仕掛品の分を加減して「完成品」原価を求めるには?

7 製造途中の「仕掛品」はどう計算するか? …… 148
仕掛品の計算は原価計算最後のポイント
◆仕掛品原価イコール完成品原価ではない
◆〝仕上がり程度〟で「完成品換算量」に置き換える
◆仕掛品を評価して完成品と仕掛品に分ける

8 製品によっていろいろある製品別計算の方法 …… 152
大きく分けると「総合原価計算」と「個別原価計算」がある
◆総合原価計算は一般的、個別原価計算は注文生産向き
◆製品の種類や工程によって総合原価計算もいろいろある

9 注文生産の会社では「個別原価計算」を行なう …… 156
製品ごとに「特定製造指図書」と原価計算表が用意される

◆見込生産の総合原価計算、注文生産の個別原価計算
◆原価は「特定製造指図書ナンバー」ごとに集計する
◆製品が完成したら原価を合計する

第5章 「原価」のしくみを知るとコストダウンできる

原価計算の考え方には、
コストダウンにつながるノウハウがたくさんある。

1 つねにコストダウンの意識を持とう……162
⇩関係する全員が意識を持てば、原価計算は強力なツールになる
◆コストダウンの意識を磨くには総合的に考える
◆原価管理やコストダウンのためにも原価計算

2 「標準原価計算」は原価を管理する原価計算……164
⇩標準原価は原価の発生前に決めておき、実際と比較・分析する
◆「原価差異」を分析して原価管理を行なう
◆標準原価こそ「真実の原価」？

3 「標準原価計算」と普通の原価計算の違いは？……168
⇩実際原価と標準原価の「原価差異」を分析して報告する
◆「原価差異」を計算する
◆「直接材料費差異」「直接労務費差異」「製造間接費差異」に分けて分析する

4 「管理できる原価」と「管理できない原価」がある……172
原価を「管理可能費」と「管理不能費」に分ける方法

5 「直接原価計算」はどのように使うのか？……174
限界利益で見れば、本当の採算性がわかる
◆「限界利益」はストレートな利益
◆普通の利益は生産量によって増減する
◆直接原価計算で採算性を判断する

6 直接原価計算で効果的な製品戦略を立てる……178
限界利益の計算から製品の販売構成を見直してみよう
◆普通の原価は「全部原価」だが、直接原価は「部分原価」
◆直接原価計算で製品の販売構成を見直してみると
◆売上高が同じでも利益が増える

7 「損益分岐点」とはどういうものか？……182
要は固定費を少なくするか、変動比率を下げるか……
◆「損益分岐点」で儲かる会社の体質がわかる
◆損益分岐点分析で〝儲かる会社〟をめざそう

8 間接費を見直す原価計算「ABC」とは？……186
「アクティビティ」を基準にサービスの原価や間接費を計算する
◆サービスの原価を計算できる原価計算

◆ＡＢＣがアクティビティに集計して原価を計算するしくみ

9 「ＡＢＭ」なら全社的なコスト削減ができる……190

コストをつかむＡＢＣと一体で運用する
◆アクティビティとコスト・ドライバーの考え方が重要
◆ＡＢＭは全社的なコスト削減を可能にする

10 原価のどこをどうコストダウンすればよいか？……194

原価のしくみからコストダウンを考えてみよう
◆原価とコストの違いを考えてみよう
◆原価の知識をコストダウンに生かそう
◆管理しやすい原価、しにくい原価を見分けてみよう

エピローグ

あなたの業界の「原価」を見てみよう

自分の業界の原価の構造や特徴を知って、「どこを改善すればいいか」考えよう。

あなたの業界の「原価」を見てみよう……200
◆建設業 200
◆製造業 202
◆情報通信業 204

◆運輸業、郵便業 206
◆卸売業 208
◆小売業 210
◆不動産業、物品賃貸業 212
◆学術研究、専門・技術サービス業 214
◆宿泊業、飲食サービス業 216
◆生活関連サービス業、娯楽業 218
◆サービス業（他に分類されないもの） 220
索引&用語解説…… 229

［DTP――ベクトル印刷㈱
執筆・編集協力――ケイ・ワークス］

プロローグ

「原価」のしくみを知るのは仕事の常識です！

個人消費が伸びない今の時代こそ、
売上や利益以上に、
「原価」に注目することが大切になります。

1 モノの値段はどうやって決まっているのか？

決め方はいろいろあるが、基本は「原価」に儲けを加えること

◆——**「出血大サービス」から「とんでもない暴利」まで、いろいろある**

そもそも「原価」とは、どういうものなのでしょうか。

私たちが何かモノを買うとき、モノには必ず値段が付いています。値段の決め方はいろいろで、「儲け度外視、出血大サービス！」から、ときにはとんでもない暴利をむさぼっている（ように見える）ものまであります。

◆——**基本は「原価」プラス儲け**

でも、値付けの基本はあくまで、モノを作ったり仕入れたりするのにかかった〝元値〟に、売る人の〝儲け〟を適度に加えることです。もちろんここに、プラス消費税も考えなくてはいけませんが……。

このとき、**モノの値段から売る人の儲けを引いた分——つまり、モノを作ったり、仕入れ**

たりするのにかかった費用の全体が、広い意味の「原価」（↓P62）になります。

左の図で確かめてみてください。

モノの値段を分解してみると……

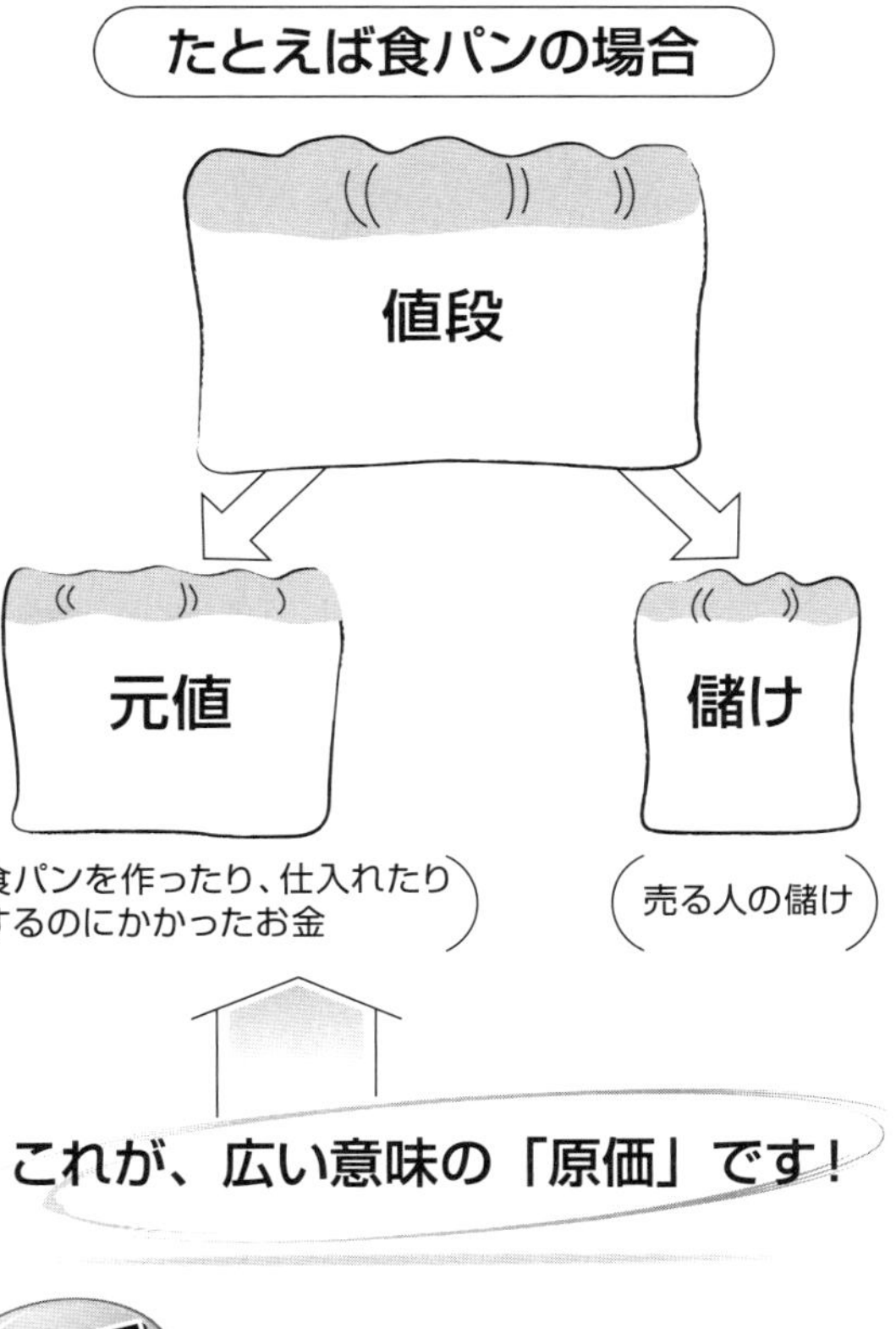

POINT

つまりモノの値段は「原価」＋「儲け」！
これがビジネスの基本

2 もしモノの原価がわからなかったら、どうなる？

売るモノの値段が決められず、儲けもわからなくなる！

◆——**いくらで売るか、いくら儲かったかがわからない**

なぜ「原価」について知る必要があるのでしょう。

前項で見たように、売る人が儲けたいと思った額で決めることが可能です（実際には、ほかのお店の値段などを無視して決めることはできませんが）。**モノの値段は基本的に、「原価プラス売る人の儲け」で決められます。**

しかし原価は、売る人が決めることはできません。ということは、原価がわからないというくらで売ったらよいのか、値段が決められないということです。

では逆に、適当な値段を付けて売ってしまったら？　今度は儲けの額がわからなくなってしまいますね。

値段から原価の額を引いたものが、儲けになるわけですから。

◆──「原価」はビジネスの基本です

それでも個人の小さな商売の場合は、たまに適当な値段で売ってもそれほど支障はないかもしれません。実際、個人商店などでは「おまけしちゃおう！」などと言って、端数を値引きしてくれることがありますね。

しかし、会社はそうはいきません。

商品1個当たりの値引き額はわずかでも、年間の売上にすると大きなマイナスになるかもしれないのです。顧客への利益還元として値引きをするにしても、原価をわかってその額を考慮した上でしないと、たいへんなことになります。

しかも原価がわからないと、期末に決算をしても利益が計算できないし、コスト削減に取り組もうとしても手のつけようがありません。もちろん、来年の予算も計画も立てようがないので、行き当たりばったりの経営になってしまいます（→P68）。

このように、商品や製品、サービスの原価を知ることは、あらゆるビジネスのスタートになる基本なのです。

その原価が何で構成されていて、どのように計算できるのか、しくみを知らないことには、ビジネスのスタート地点に立ったとはいえないでしょう。

3 たくさん売ると値段が下がるのは、なぜ？

一見儲けの出ない激安セールも、原価のしくみから覗いてみると……

街角ではよく、さまざまなセット販売を見かけます。たとえば「ボールペン5本まとめて4本分のお値段！」といった具合です。これらは本当に、宣伝文句にあるような「儲けなしの消費者サービス」なのでしょうか。

もちろん、本当に消費者サービスのケースもあるでしょう。でも、ほとんどの場合は「原価」のしくみを生かして、きちんと利益を確保した販売戦略です。

広い意味の「原価」の中には、本来の元値（少し狭い意味の「原価」）のほかに、いろいろな費用が含まれています（➡P46）。たとえば販売員の人件費とか、各種の事務経費などですね。これらの費用が、セット販売だと少なくてすむのです。販売員の手間を考えてみても、ボールペンを1本売るのと同じ手間で、5本売ることができるからです。

セット販売では大量仕入れによる値引き効果なども利用されますが、広い意味の原価が減るメリットも生かされています。これも「原価」のしくみです。

原価の面から見た「激安セット販売」のしくみ

4 分けられない原価を、どうやって分けたらいいの？

原価を正しく計算するには一定のルールがある

◆――トンカツ弁当屋さんの、ごはんとトンカツのガス代を分けてみる

原価を知ることが大切といっても、実際に原価を計算しようとするといろいろな問題に突き当たります。

たとえば、原価の一部であるはずの燃料費です。**たいていのモノは、作るのに電気なりガスなりを必要としますが、1つのモノ当たりの原価はどうしたら計算できるのでしょうか。**

仮に、あるお弁当屋さんが、作ったトンカツ弁当の原価を計算したいと考えたとして、炊いたごはんのガス代と、トンカツを揚げるのに使ったガス代は、どうやったら分けられるでしょうか。

◆――原価を振り分けるにはルールがある

そんなものは分けられない……と片づけてしまっては、正しい原価は計算できません。そ

うなると、トンカツ弁当やおにぎりの値段が決められないことになるし、儲けも計算できないことにもなるでしょう。

そこで、原価を正しくつかむための「原価計算」の方法では、**作ったモノごとに特定できない原価は、一定の基準によってそれぞれのモノに振り分ける**ことになっています。

お弁当屋さんのガス代の場合でいえば、ごはんとトンカツそれぞれのガスコンロの使用時間などがひとつの基準になるでしょう。たとえば、ごはんとトンカツのガスコンロの使用時間の割合が3対1だったら、ガス代も3対1で分けるという具合です。

ただし、トンカツ弁当だけならいいですが、ほかにも弁当を作っているようなときは、使用時間でガス代を振り分けることもむずかしくなりますね。

こういうときは、一括して「間接費」という形で処理することになっています。間接費と直接費のことについては第2章の76ページから、詳しく説明します。

原価を計算するときには、このようにいくつかの決められたルールがあります。たとえば、仕入れた材料費をすべて原価にしない、使った分だけ原価にする（↓P100）、給料は25日に支払っても、原価としては月末までの分を計算する（↓P114）などです。詳しくは第3章で説明しますが、それらも知っておくと原価についてさらに深く理解できます。

5 大量生産・大量販売で安く売れるのは、なぜ？

「原価」のしくみを利用すると、格安で売ることができる

◆――原価の中にも2種類の原価がある

原価にはまた、性質の違う2つの原価が含まれています。これについては第2章の86ページで詳しく説明しますが、ここで簡単に触れておきます。

ひとつは**材料費などのように、売ったり作ったりする量が増減すると、それに比例して増えたり減ったりする原価。これを「変動費」**といいます。

もうひとつは、**売ったり作ったりする量に関係なく一定額が発生する原価です。これを「固定費」**といいます。販売員の給料などは、売れても売れなくても支払うので固定費ですね。そのほか、家賃なども固定費になります。

◆――100円ショップのカラクリは？

100円ショップなどは、この原価のしくみを利用して格安での仕入れを実現しているのです。というのは、100円ショップはメーカーに対してケタはずれの大量発注をします。

大量生産だと原価が下がるのは、なぜ?

原価

生産量に比例して
増減する部分
(材料費など)

生産量に関係なく
一定額の部分
(人件費など)

大量生産できると、この部分が
たくさんの製品に分散される

POINT

つまり大量生産だと、1つ当たりの原価が
下がり、格安でも「元」がとれる

すると、大量注文を受けたメーカーでは、一定額が発生するほうの原価が大量の製品に分散されるので、1個当たりの原価が大幅に下がります。

つまり、**100円ショップの要求に応じて格安で出荷しても、メーカーとしては原価の「元《もと》」がとれる**ということです。

これが昔からいわれてきた大量生産・大量販売のメリット、いわゆる「スケール・メリット」ですね。こうしたカラクリも、原価のしくみがわかっていると理解できます。

それでは次の章から、原価のしくみと、それを計算するルールについて本格的に見ていくことにしましょう。

第1章

そもそも「原価」とは何だろう

ひと口に原価といっても
いろいろな意味があります。
まずはアウトラインをつかもう。

1 「原価」はどのように計算されるのか？

商品を仕入れる場合と製品を作る場合で違う

そもそも「原価」とは、どういう意味の言葉なのでしょうか。国語辞典で、ためしに引いてみてください。たいてい、2つの意味が説明されているはずです。

ひとつは、商品の「仕入値段」といった意味です。もうひとつは少しややこしく、製品の「製造に要した費用」というような説明がされているのではないでしょうか。

それでは、この国語辞典の説明を手がかりに、原価の意味を考えてみましょう。

◆――商品の「仕入値段」のほうはすぐにわかるが……

国語辞典にある原価の第1の意味――つまり「仕入値段」のほうは、比較的イメージがつかみやすいでしょう。

たとえば家具を扱っているお店が、木製の本棚4本を2万4000円で仕入れたとします。この場合、本棚4本の仕入値段は、いうまでもなく2万4000円です。

また、２万４０００円を４本で割れば、１本当たりは６０００円とわかります。
仕入値段の場合はこのように、計算がわりと簡単ですね。

この本棚の「原価」は？　（仕入値段の場合）

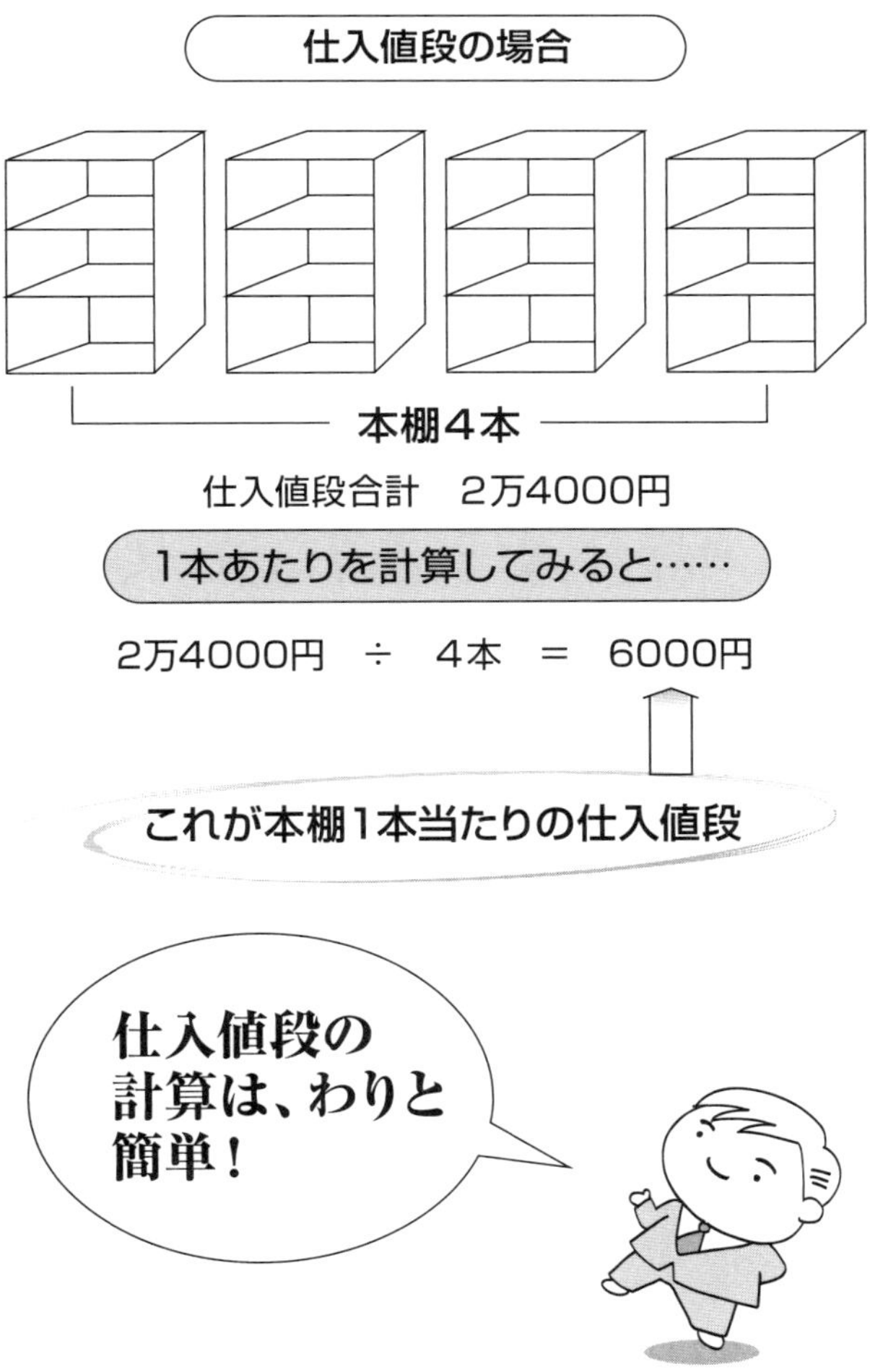

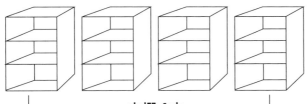

◆——製品を作る場合の費用は？

一方、原価の第2の意味——製品を作るのに要した費用の場合は、もうひと手間よけいな計算が必要になります。

たとえば、この本棚を作っているメーカーは、木材やペンキ、接着剤などいろいろな材料を使いますね。すると、まずこれらの費用を合計しなければなりません。

本棚4本分の木材が1万2000円、塗料が4000円、接着剤が2000円とすると、材料代の合計は1万8000円と計算されます。

本棚4本で割って1本当たりを求めると、4500円です。

このように、**ひと口に「原価」といっても、仕入れて売る場合と作って売る場合とでは、考え方や計算方法に違いがあります**。商品を仕入れる場合の原価を「仕入原価」、製品を作る場合の原価を「製造原価」といいます。

ただし、商品の仕入値段イコール仕入原価ではないし、製品を作るときの材料代だけが製造原価というわけでもありません。もうちょっと複雑です。

これについては次項で。

この本棚の「原価」は？（製造原価の場合）

製品を作る場合

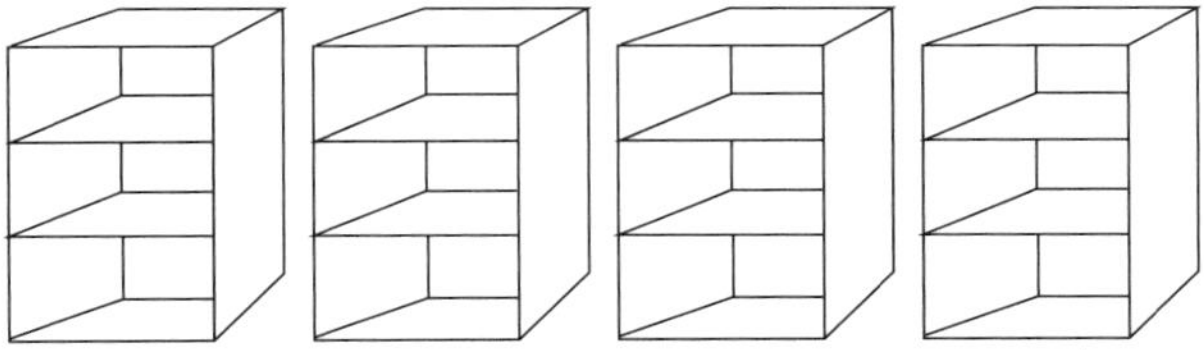

本棚４本

木材	塗料	接着剤
1万2000円	4000円	2000円

合計すると……

1万2000円＋4000円＋2000円＝1万8000円

1本当たりを計算してみると……

1万8000円÷４本＝4500円

これが本棚1本当たりの材料費

仕入値段に対して、材料費の計算は
ひと手間よけいにかかる

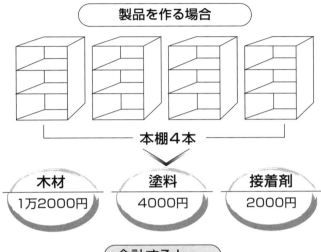

2 「仕入原価」「製造原価」はどんな原価？

仕入値段や材料代だけが「原価」ではない

◆──仕入値段に付随費用を加えたのが「仕入原価」

商品を仕入れて売る場合の原価、製品を作って売る場合の原価には、どんな費用が含まれると考えればよいでしょうか。

まず、仕入れて売る場合について考えてみると、当然のことながら商品を仕入れるにはその分の運賃がかかります。また、**商品によっては購入に手数料が必要な場合もあり、これらは原価に含めて考えなければいけませんね。**

それらを仕入値段に加えたものが「仕入原価」になるのです。

◆──「製造原価」には、さらにいろいろな費用がかかる

それでは、製品を作って売る場合はどうでしょうか。製品を作る材料の仕入れにも、運賃や手数料がかかるのはもちろんですが、それだけではすみません。

ちょっと考えただけでも、作る人の人件費、作るのに機械を使えばその費用がかかります。

仕入値段イコール「仕入原価」ではない！

商品を仕入れるには……

運賃や手数料などの費用もかかる

↓

購入原価　＋　付随費用　＝　仕入原価
（仕入値段）

↑

これが販売業の「原価」になる

POINT

単純に「仕入値段＝仕入原価」
と考えてはいけない

さらにその機械を動かす電気代・ガス代などなど、仕入れて売る場合に比べていろいろな種類の費用がかかることがわかります。

製品を作る場合の原価――つまり「製造原価」を計算するには、それらをすべて合計しなくてはなりません。

◆――販売業では面倒な原価計算は必要ない!?

そこで、製造原価を計算する場合には、どのような費用をどのように集計してどう計算するのか、手順や手続きの方法が定められています。

これを「原価計算」といいます。

販売業では、基本的に仕入値段プラス付随費用が仕入原価になるので、面倒な原価計算の手続きは必要がありません。

それに対して製造業では、さまざまな材料を購入してきて、電気やガスなどのエネルギーを使い、機械や人手で加工して、ようやく売り物になる製品ができあがります。

それらのすべての費用をつかむには、いろいろな計算をしなくてはならないので「原価計算」が必要になるのです。ですから、**原価計算において「原価」といったときには、基本的には「製造原価」のこと**になるわけです。

材料費だけが「製造原価」ではない

製品を作るには……

材料だけでなく
人手もかかる
機械や電気代なども必要

これらすべてを合計したものが
「製造原価」になる

だから

製造業では「原価計算」が必要になる！

POINT

原価計算で「原価」というときは、
「製造原価」のことです

3 「広い意味の原価」と「狭い意味の原価」

いったいどこまでが「原価」になるのだろう

◆――製造原価でなければ原価ではないのか？

原価計算で「原価」といったときは「製造原価」のことです。製造原価はその名のとおり、製品の製造にかかった原価のことをいいます。

しかし、**どんな製品を作っている会社でも、会社は製品を作る仕事だけをしているわけではありません。**作った製品を販売する仕事もあれば、作ったり売ったりをサポートする経理・総務・人事などの仕事もあります。

これらの仕事にかかった費用が製造原価でないとすると、その分はいったいどこに行ってしまうのでしょうか。

◆――どんな製品にも「販売費及び一般管理費」がかかっている

商品や製品を売るためにかかった費用は「販売費」と呼びます。

製造原価にならない「販売費」「一般管理費」とは？

販売費

製品が製造されたり、商品が仕入れられたときから、
代金が回収されるまでの、販売業務に関する費用

⇩

販売員の給料、荷造運賃、広告宣伝費、
販売促進費、交際費　など

一般管理費

経理・総務・人事・企画などの部門の
一般管理業務に関する費用

⇩

経理・総務・人事・企画などの部門の給料、
役員報酬、事務用消耗品費　など

これらの「販売費・一般管理費」は
製造原価にならない

販売費は、製造会社では製品が製造されて倉庫に保管されたときから、販売会社では商品を仕入れたときから、製品・商品が販売されて代金が回収されるまでに、販売関係で発生した費用です。

一方、経理・総務・人事などの一般管理業務についてかかった費用は**「一般管理費」**といいます。一般管理費は、会社の組織でいえば、経理・総務・人事といった部門の費用です。

この2つは、会社の決算書などでは「販売費及び一般管理費」として1つにまとめられています。そして、この「販売費及び一般管理費」こそが、仕入原価や製造原価以外の「原価」なのです。

つまり、**原価は「仕入原価」「製造原価」と「販売費及び一般管理費」の要素に分かれる**わけです。

プロローグで述べた〝広い意味の原価〟では、この「販売費及び一般管理費」までが原価に含まれます（↓P30）。また、〝少し狭い意味の原価〟では、この「販売費及び一般管理費」を除いた「仕入原価」「製造原価」が原価です（↓P42）。

では、最も〝狭い意味の原価〟は……？

これが、原価計算でいうところの原価――「製造原価」ということになりますね。

「広い意味の原価」と「狭い意味の原価」

製造原価・仕入原価
&
販売費及び一般管理費

↓

広い意味の原価

製造原価・仕入原価

↓

少し狭い意味の原価

製造原価

↓

狭い意味の原価

POINT

原価は製造原価（仕入原価）と
「販売費及び一般管理費」に分けられる

4 「販売費及び一般管理費」はどんな原価？

同じ費用でも製造原価でなく、販売費及び一般管理費になるものがある

◆──販売費及び一般管理費は「営業費」ともいう

販売費及び一般管理費は、会社が営業活動を続けていくために必要な費用という意味から、「営業費」などと呼ばれることがあります。

また、会話などでは「経費」と呼ばれることもありますが、実は製造原価の3要素にも「経費」があり、混乱を避けるために原価の3要素（↓P72）のほうの経費をわざわざ「製造経費」と呼ぶこともあります。

この製造経費も含めて、モノの購入や人件費以外の、会社が受けたサービスの対価全般を「経費」と呼んでいることが多いようです。

販売費及び一般管理費は、決算書をつくるしくみの上では「給与」「通信費」「消耗品費」などの名前で分類されています。左ページにあげたのは、代表的な販売費及び一般管理費の科目の例です。

代表的な「販売費及び一般管理費」

役員報酬	役員に支払う給与に当たるもの
給与	販売員・工場以外の事務員に支払う給与・手当
賞与	販売員・工場以外の事務員に支払うボーナス
法定福利費	雇用保険料、社会保険料などの会社負担分
福利厚生費	従業員のための医療・保健・厚生などの費用
荷造運賃	商品を届けるための梱包・発送費用
広告宣伝費	広告、チラシ、見本品などの制作、材料費
旅費交通費	従業員が仕事で移動する場合の交通費
通信費	インターネット料金、電話代、切手、ハガキ代　など
交際費	仕事を円滑に進めるための飲食費や贈答費用
会議費	会議用の茶、菓子、弁当代や、会場手数料　など
支払手数料	外部の専門家への報酬、売買の手数料　など
地代家賃	借りている土地・建物などの賃貸料
水道光熱費	事務所の電気代、ガス代、水道代　など
減価償却費	固定資産の価値の減少に応じた当期の費用
保険料	建物・備品・在庫などの火災保険料
租税公課	印紙代、固定資産税、事業税などの税金
消耗品費	事務用品や少額の備品などの購入費
雑費	他の科目に当てはまらない臨時的な費用

ここで注意したいのは、**同じ名前の費用でも製造現場で発生したものは製造原価になる**という点です。たとえば、本社ビルの減価償却費は、間違いなく販売費及び一般管理費ですが、工場の建物や機械のそれは、製造原価（経費）のほうの減価償却費になるのです。

同じように、本社の事務員の給料は販売費及び一般管理費ですが、工場事務に携わる人の給料は製造原価（労務費）となります。

ややこしいですが、ここは非常に大切なポイントですので、しっかり押さえてください。

◆——販売費及び一般管理費にも「固定費」「変動費」がある

また、製造原価と同様に、販売費及び一般管理費も使われた目的によって分類できます（↓P72）。さらに、販売する商品・製品の区別に応じて「直接費」「間接費」に分類することもできます（↓P76）。

そして（ここがいちばん大切なのですが）、「固定費」と「変動費」に分類することができます。

大量生産によって原価を下げることができるのは、製造原価の中に固定費があるからですが、**大量販売によっても原価が下げられるのは、販売費及び一般管理費の中にも固定費があ**

るからなのです（↓P34）。

このように、販売費及び一般管理費についても製造原価と同じ手法で管理ができます。

「販売費及び一般管理費」でも製造原価になる？

同じ名前の費用でも、製造現場で発生したものは「製造原価」になる

例

工場の機械などの「減価償却費」
工場事務員の「給料」
工場の「電気代、ガス代など」

これらは、本社で発生したものは「販売費及び一般管理費」だが……工場で発生すると、科目は同じでも「製造原価」になる

5 原価にならないコストもあるの？

会社の本業に関連しない費用や支出は「非原価項目」になる

ちょっと考えてみると、会社で発生したすべての費用は広い意味の原価に含めていいようにも思えます。しかし、本当にそうでしょうか。

常識的に考えてみても、たとえば会社が本業でない株式投資に手を出して、その費用を製品の原価だといわれても納得できませんね。

会社で発生した費用の中には、原価にならないものもあるのです。

◆──経営目的に関連しない費用や支出は原価にならない

その第1は、製品の製造・販売という会社の経営目的に関連しない費用や支出です。

たとえば、投資のための不動産・有価証券・貸付金などの減価償却費・管理費用・税金などがあげられます。

使用していない固定資産や設備の費用なども、製品の製造・販売に関わっているとはいえないので、原価に含めて計算することはできません。

そのほか、会社の経営目的に関連しない寄付金などの支出、借入金の支払利息や受取手形の割引料も原価になりません。

このように、原価に算入しない費用や損失のことを「非原価項目」といいます。

◆——天災やドロボウによる損害、税金や株主配当は原価にならない

原価に算入しない「非原価項目」としては、異常な状態で発生した費用や、突発的・臨時的な原因による損失などもあげられます。原価として計算するのは、あくまで正常な状態で発生した費用だけなのです。

具体的にあげると、**普通では考えられないほどの不良品の発生による損害、火災や盗難による被害、罰金や損害賠償の支出などは、原価として計算することはできません。**

たしかに、突然の天災やドロボウによる被害まで計算に入れたのでは、正しい原価とはいえませんね。

このほか、会社では節税のために、税法で認められている特別な費用を計上していることがあります。

たとえば、租税特別措置法という法律では、政策的な理由から特定の機械の減価償却費を

多く計上することを認める場合がありますが、こうした分も「非原価項目」です。

また、**法人税・住民税なども会社にとっては一種の費用ですが、やはり原価の計算には入れられません**。同様に、会社の決算がすんだ後で利益処分として支出される株主への配当金、役員賞与なども、原価にはならないものです。

◆——原価にならない非原価項目はどこに行く？

これらの費用や支出は、原価にならないとするといったい何になるのでしょうか。

寄付金など、ごく一部は「販売費及び一般管理費」（↓P50）になります。しかし、ほとんどの非原価項目は販売費及び一般管理費にもなりません。

実は、会社の決算書では販売費及び一般管理費までをまとめて「営業利益」を計算した後で、本業以外の「営業外損益」、臨時的な「特別損益」を計算するしくみになっています。**本業以外で発生した非原価項目と、突発的・臨時的な原因で発生した非原価項目は、このうちの「営業外費用」「特別損失」になる**のです。

このように、決算書をつくるしくみの上でも、原価とそうでないものはきちんと分けられています。

原価にならない“費用”もある

会社の経営目的に関連しない
費用や支出は「非原価項目」
（寄付金、投資のための有価証券購入　など）

異常な状態で発生した
費用や損失は「非原価項目」
（災害などによる損失、訴訟費用　など）

税法でとくに認められた費用
（租税特別措置法により通常の
減価償却を超えた分　など）

決算で出た利益から支出するもの
（株主配当金、役員賞与　など）

6

「売上原価」はどうやって計算するのか？

製品・商品の「棚卸」をすると、売上原価が計算できる

◆「売上原価」イコール製造原価・仕入原価ではない

決算書のつながりでいうと、決算書のひとつ損益計算書には「売上原価」という原価が表示されています。これは製造原価や仕入原価そのものではありません。

その証拠に、**損益計算書では、左の図のように計算の内訳として「製造原価」（または「仕入原価」）が登場する**のです。

では、この売上原価の計算はいったい何をあらわしているのでしょう。

◆「棚卸」をして売れた分をつかむ

実際の商売では、製品や商品が売れるごとに原価を計算するような面倒なことはできません。それこそ、〝商売にならない〟状態になってしまいます。

そこで、月ごとなどに帳簿を締め切り、まとめて原価と利益を計算する方法をとります。

それが左の図の計算なのです。

損益計算書の「売上原価」とは？

損益計算書

売上高	
：	
売上原価	
：	
期首製品棚卸高	×××
当期製品製造原価	×××
計	×××
期末製品棚卸高	×××
売上原価	×××
売上総利益	×××

最初の在庫（期首製品棚卸高）

期中の製造（当期製品製造原価）

残った在庫（期末製品棚卸高）

その期に売れた分の原価（売上原価）

期首棚卸高（最初の在庫）＋**当期製造原価**（期中の製造）－**期末棚卸高**（残った在庫）

これが「売上原価」の計算式

POINT

要するに「売上原価」とは、
売れた分の仕入原価・製造原価のこと

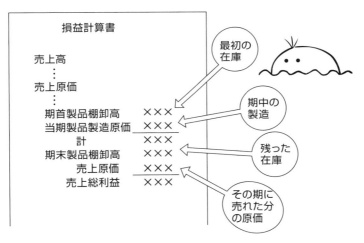

まず、期の初めに倉庫などに残っている製品・商品の在庫を調べておきます。この仕事を「棚卸」と呼ぶので、在庫の高は「棚卸高」といいます。これが「期首棚卸高」の意味です。次に、期中の製造原価や仕入原価を計算し、帳簿に記録しておきます。そして、期末になったら期首と同じ棚卸をして「期末棚卸高」を調べるのです。

左の図のように、**最初の在庫（期首棚卸高）に、作ったり仕入れたりした分（期中製造・仕入原価）を足し、残った在庫（期末棚卸高）を引くと、「売上原価」が計算できます。**要するに「売上原価」とは、売れた商品の仕入価額（製造価額）のことだともいえます。

◆──「粗（アラ）利益」も簡単に計算できる

損益計算書では、売上高からこの売上原価を引いて「売上総利益」を計算します。**売上総利益は、別名を「粗（アラ）利益」ともいい、**販売費及び一般管理費をまかなう原資として、また最終的な利益の源泉になる第一段階の利益として、重視される利益です。

さらに、粗利益は要するに、販売価格（売上高）と製造原価・仕入原価の差なので、**製品・商品ごとに販売価格マイナス製造原価・仕入原価を計算すると、製品ごと、商品ごとの粗利益も簡単に計算できます。**

これは応用範囲の広い知識なので、この機会にぜひ覚えておいてください。

売上原価を計算するしくみ

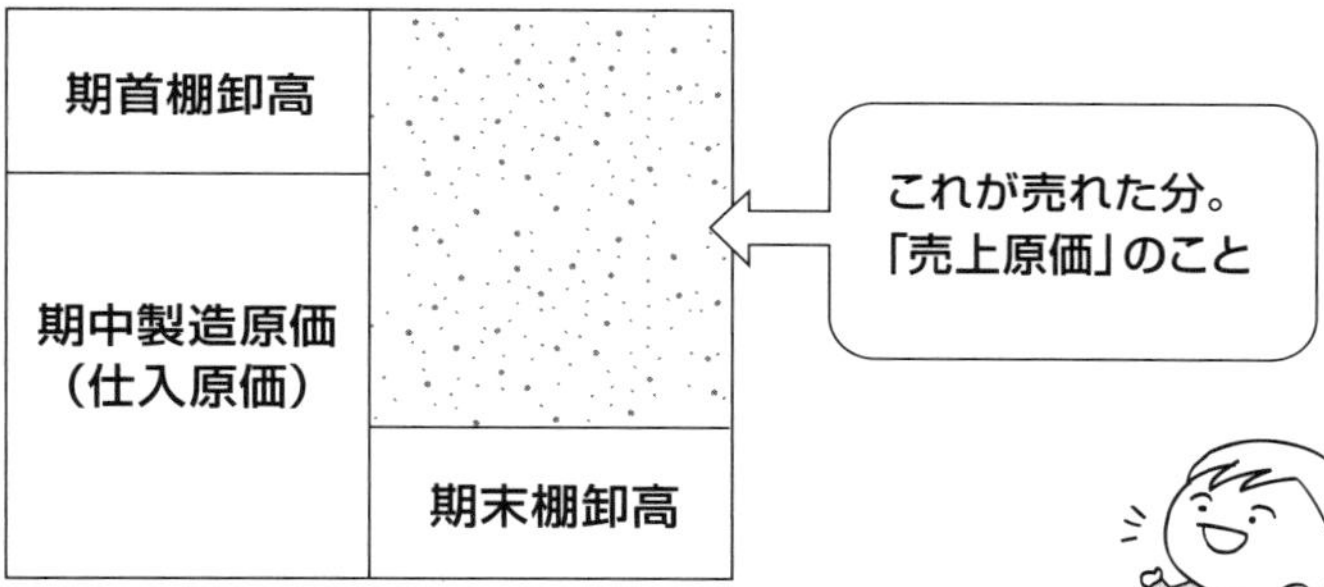

つまり

期首棚卸高 ＋ 期中製造原価（仕入原価） － 期末棚卸高 ＝ 売上原価

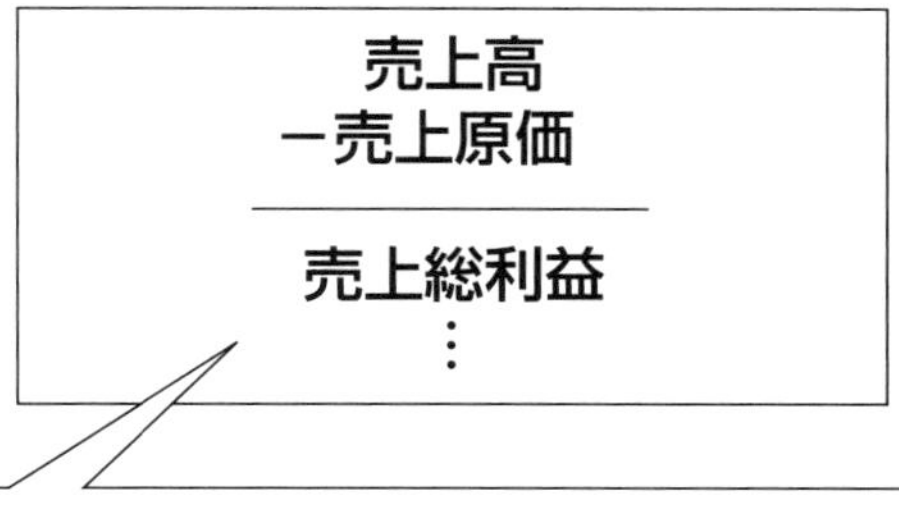

売上総利益（粗利益） ＝ 売上高（販売価格） － 売上原価（仕入原価／製造原価）

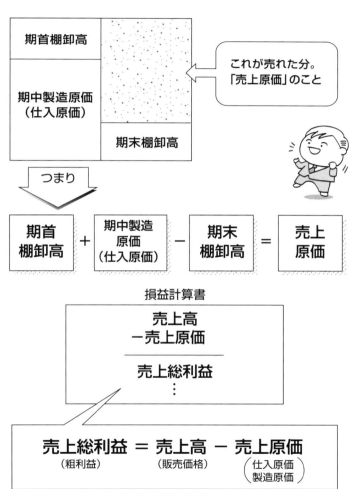

7 販売価格の中身は、要するにこうなっている

仕入原価・製造原価に販売費及び一般管理費を加えたものが「総原価」

◆——販売業の商品販売価格はわりと簡単

それでは、ここまでの話をまとめてみましょう。まず、左の図をご覧ください。

これは販売業における原価と、商品の販売価格の関係を図解したものです。販売業では、商品の購入代価に付随費用を足したものが「仕入原価」になるのでした（↓Ｐ42）。これが販売業における〝少し狭い意味の原価〟です。

また、商品の販売活動や会社の一般管理業務にかかる費用は「販売費及び一般管理費」として、仕入原価とは別にされます（↓Ｐ50）。

仕入原価にこの販売費及び一般管理費を足したものは、「総原価」と呼ばれます。これが〝広い意味の原価〟です。

この広い意味の原価——総原価に、会社の儲けである利益を加えたものが、最終的に商品の販売価格となっているわけです。

要するに販売価格の中身は？（販売業の場合）

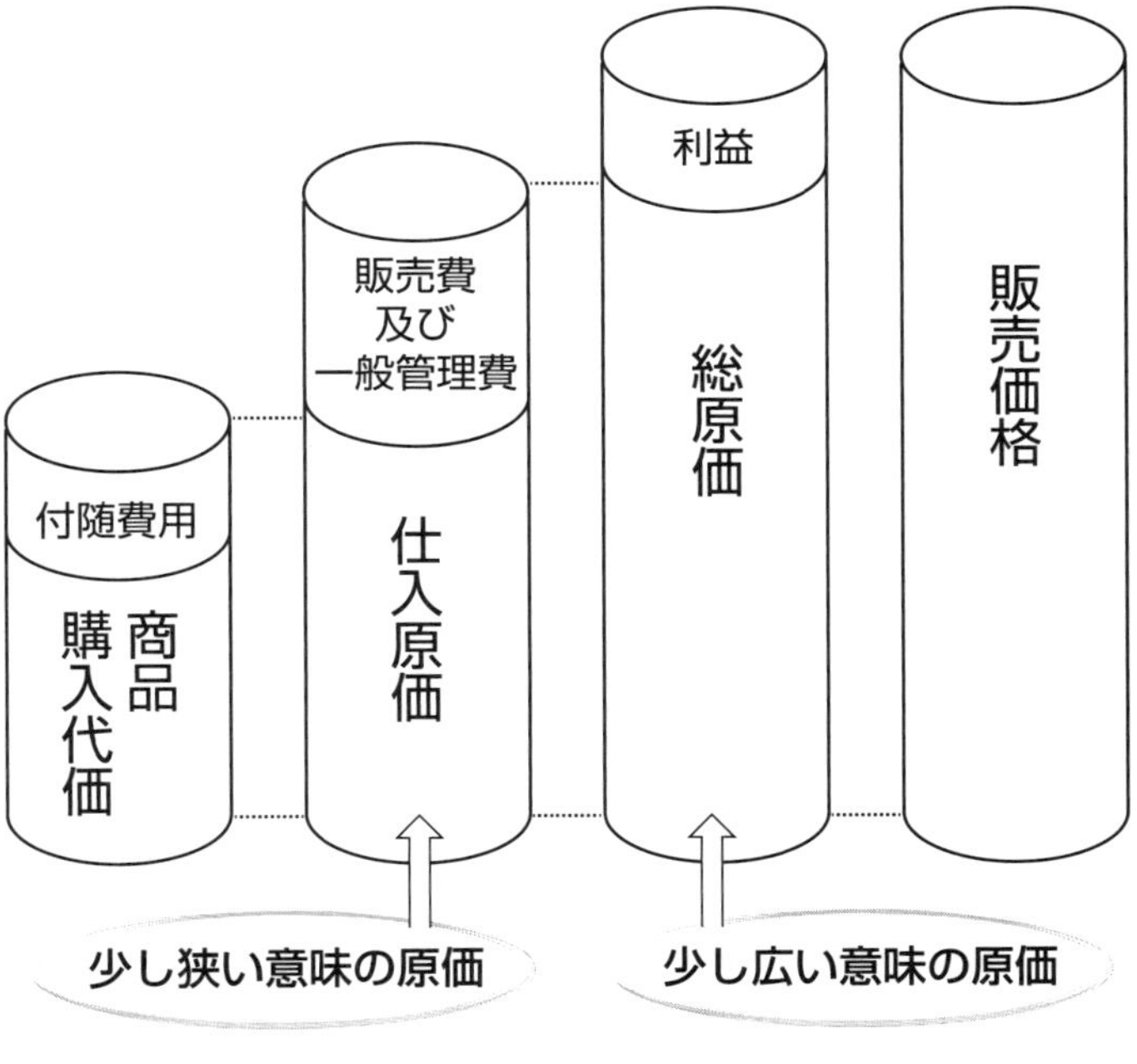

POINT

販売業でも、販売費及び一般管理費を固定費と変動費に分類すると、原価管理ができる

◆——製造業の製品販売価格の中身を見てみよう

一方、製造業の製品販売価格の中味は、販売業より少し複雑です。

左の図のように原価はまず、「材料費」「労務費」「経費」の3要素に分類され（→P72）、さらに直接費・間接費にも分類して集計されます（→P76）。**これらの合計が「製造原価」で、これが最も〝狭い意味の原価〟になります。**

この製造原価に、製品の販売にかかった費用と一般管理業務の費用——「販売費及び一般管理費」を加えたものが「総原価」（広い意味の原価）になり、さらに会社の「利益」を足したものが最終的な製品の販売価格になります。

このへんのしくみは、販売業でも製造業でも同じですね。

ところで、「固定費」「変動費」などの分類との関係は、どうするのでしょうか。

原価を見ていくプロセスで、原価管理などの必要に応じて「固定費」と「変動費」の分類が行なわれます。

しかしこちらの分類は、原価を集計して算出する過程には直接、関係しません。

一方、**直接費と間接費の分類は、原価計算のプロセスで分類することがルール**になっています。

要するに販売価格の中身は？　（製造業の場合）

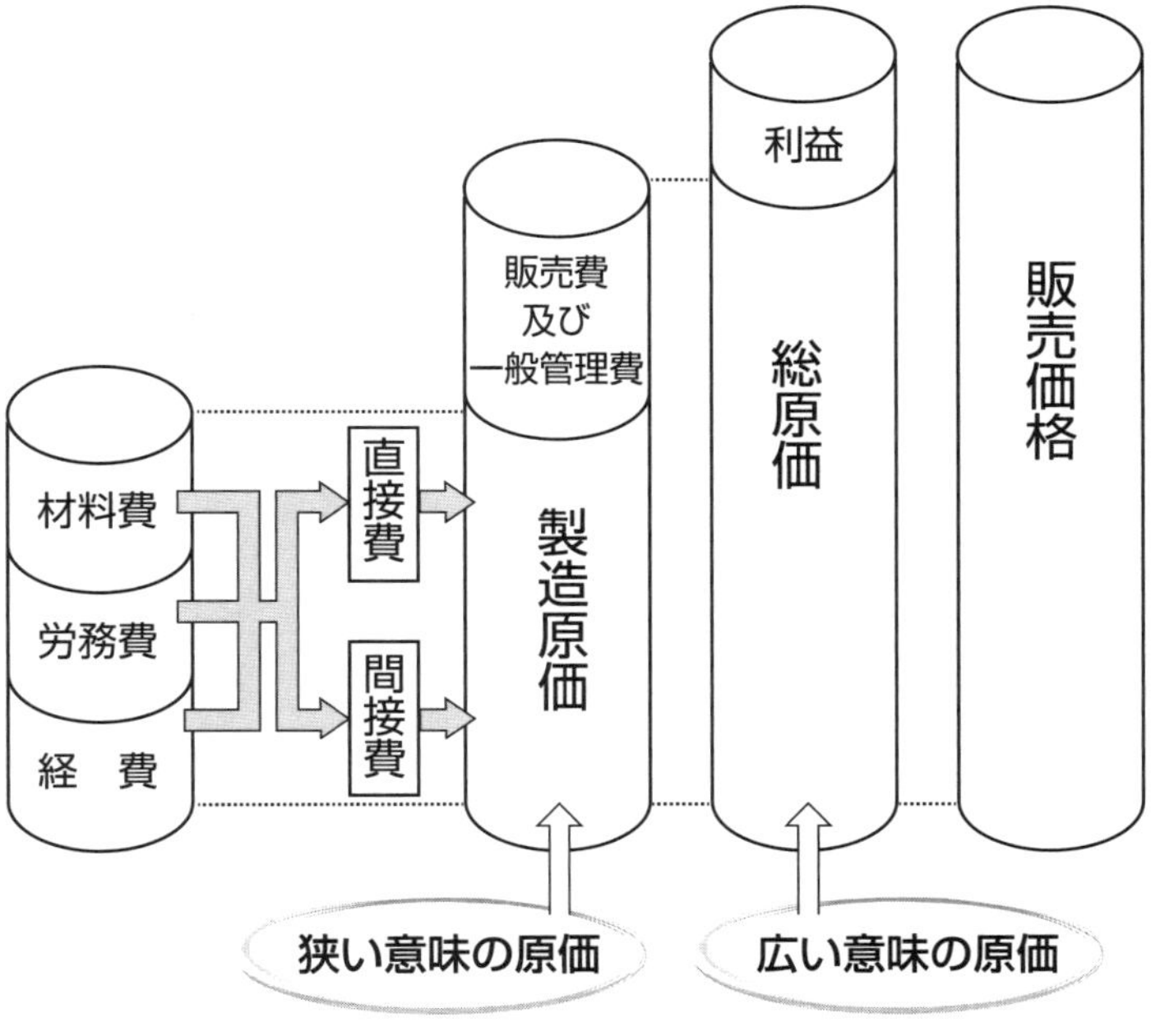

POINT

なお、「固定費・変動費」の分類や「管理可能費・管理不能費」の分類は、原価計算のプロセスには直接関係しない

販売価格の中身を説明する前ページの図で、直接費・間接費の分類はあるのに、固定費・変動費の分類が出てこないのはそういうわけです。

固定費・変動費の分類は、「直接原価計算」という別の原価計算で必要になるのですが、このへんは第5章できちんと説明することにしましょう。

第2章

「原価」はどうやって計算するの？

一見、複雑な原価の計算も、基本のしくみを押さえれば意外と理解しやすいのです！

1 要するに「原価計算」は何の役に立つのだろう

わざわざ複雑そうな計算をするのは、まとめてみれば5つの目的のため

◆――原価計算の主な目的は、要するに5つ

正しい製造原価を計算するために、いろいろな費用を分類し、金額や消費量を測って集計し、製品に振り分けて報告する――そうした計算のしくみや手続きの全体が「原価計算」と呼ばれるものです。

第3章で具体的に見ますが、原価の分類ひとつとっても非常に複雑（なよう）に見えます。**そうまでして、原価計算を行なうのは何のためでしょうか。**

細かくいえばいろいろな目的がありますが、主なものは次の5つにまとめられます。

①正しい決算書をつくる

会社の決算書は、会社の損益や財政状態をあらわす最も基本的で、最も重要な資料です。その基礎になる原価は、いい加減なものであってはなりません。原価計算によって「真実の原価」を集計することが必要です。

②適切な販売価格を決める

作った製品の価格決定をするためにも、正確なデータが必要不可欠です。原価計算を行なうことによって、販売価格を決めるのに必要な原価のデータが得られます。

「原価計算」の5つの目的とは?

①決算書をつくるため

②販売価格を決めるため

③原価管理をするため

④予算管理をするため

⑤経営の意思決定に役立てるため

POINT

どの目的のためにも、
原価計算のデータが必要です!

③原価管理を行なう

原価のムダを省き品質を保ってコストを下げるには、原価を正確につかむ必要があります。原価計算なくしてコストダウンもなし、ということです。

④予算管理を行なう

会社は予算を立て、予算どおりに進んでいるかをチェックしながら経営活動を行なっています。原価計算による資料がないと、適切な予算が立てられず、チェックもできません。

⑤経営の意思決定に役立てる

新製品の開発、新市場の開拓、設備投資など、経営者はつねに環境の変化に対応して意思決定を迫られます。そのための判断材料としても、原価の情報が必要になります。

◆——複雑そうな計算やしくみも、この目的のため

原価計算のいろいろなしくみや決まりは、実は以上のような目的に合わせてつくられているのです。たとえば、固定費と変動費（↓Ｐ86）の分類をするのは、原価管理を行なう目的なのです。

さらに、予算管理の目的のためには、通常の原価計算以外に別の種類の原価計算のしくみも利用されます（↓P164）。

目的に合わせた原価計算のしくみとは？

複雑に見えるしくみや分類は……

①決算書作成　**②価格決定**
③原価管理　**④予算管理**
⑤意思決定――のためにつくられている

例

決算書をつくるために

↑

製造原価と販売費及び
一般管理費に分類する

原価管理のために

↑

原価の3要素、
直接費・間接費、
固定費・変動費、
管理可能費・管理不能費、
に分類する

予算管理のために

↑

標準原価計算（P164）などで
実際と比較する

2 原価には「原価の3要素」がある

「材料費」「労務費」「経費」の3つの分類が原価計算の基本

◆――決算書をつくるしくみから原価を3つに分類すると……

いろいろな費用の計算が必要になる原価計算は、どうしたらできるのか――詳しくは後で見ることにして（↓第4章）、ここではポイントになる点を押さえておくことにしましょう。

原価を計算するための、いろいろな費用のデータはどこで手に入るかというと、それは会社が決算書をつくるしくみの中にあります。

会社は決算書をつくるために、発生した費用をいろいろな科目に分類して記録しています。

そこで、原価を計算する上でもこの分類がいちばんの基本になります。

◆――さまざまな種類の費用も3つに分類できる

決算書をつくるしくみの上では、費用は「主要材料費」「給料（給与）」「旅費交通費」などの名前を付けて分類されています。原価を計算するときは、これらを形の上から大ぐくりに、「**材料費**」「**労務費**」「**経費**」の3つの要素に分類することができます。

「材料費」はいうまでもなく、製品を作る材料や部品の費用のこと。「主要材料費」や「買入部品費」などの費目が含まれます。

原価は「原価の3要素」に分類できる

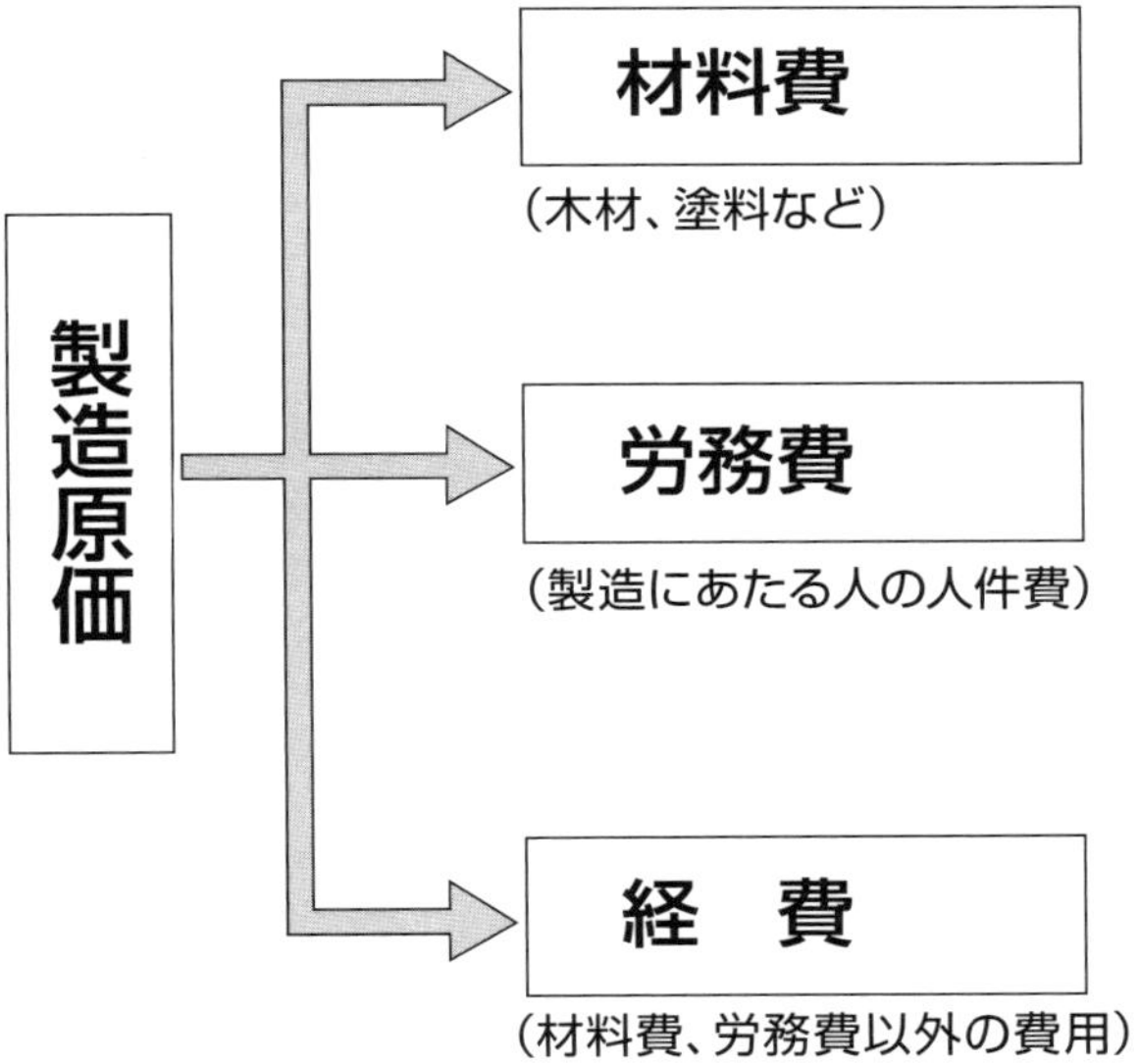

POINT

「原価の3要素」は、
原価計算の基本です！

「労務費」というのは、製品の製造にあたる人の人件費で、「給料（給与）」「従業員賞与手当」などの費目に細分されます。

「経費」は、材料費・労務費以外にかかる費用で、「減価償却費」「賃借料」などがあります。

原価計算では、製造原価になる費用はすべて、この3つの要素に分類して集計するのです。ですから、この「原価の3要素」は原価計算の基本中の基本といえます。

◆――さらに、原価が使われた目的によって分類する

原価はまた、何のために使われたのかという観点から分類することもできます。たとえば、同じ材料費でも、販売する製品のために使われたものと、新製品の開発のために使われたものでは目的が違いますね。

そこで、**製品製造のために使われた材料費は「主要材料費」、新製品開発のためのものは「試験研究材料費」などの「補助材料費」と分類**するのです。

このように分類して集計することによって、その原価が会社の経営活動のうちのどんな目的のために使われたのかがわかります。

「何のために使われたか」で原価を分類すると……

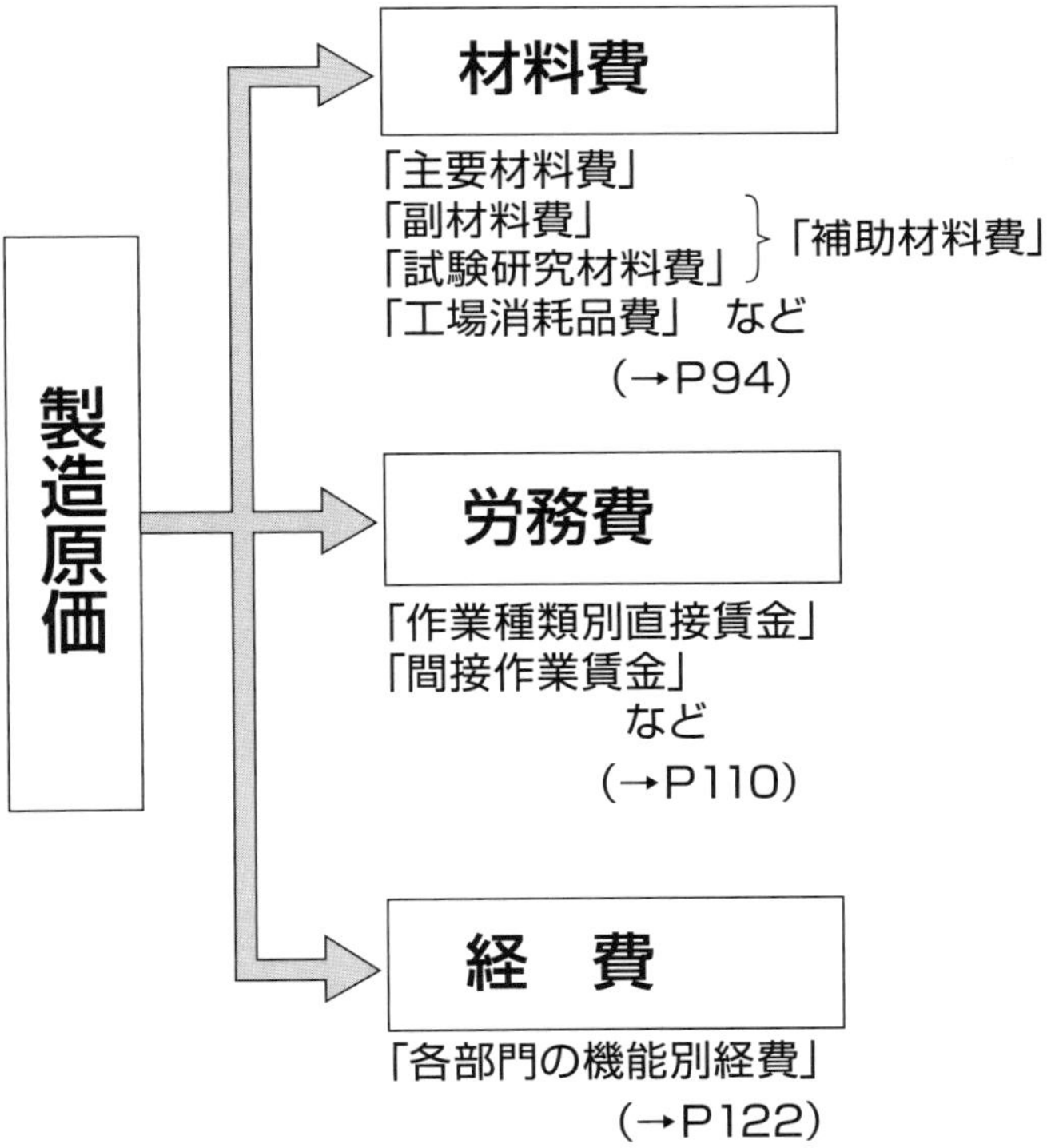

POINT

このように分類することで、
どんな目的で使われた原価か、がわかる！

3 原価は「直接費」と「間接費」に分けられる

「1個当たりいくら」と、直接つかめる原価とつかめない原価

◆原価を「直接費」と「間接費」に分けるには？

原価には、さまざまな種類の費用が一緒に含まれています。材料費・労務費・経費に分類するといっても、中には扱いに困るような費用もあります。

できあがった製品との関係で考えてみると、たとえばパンを作るときの小麦粉やバター、本棚を作るときの木材や塗料は、どの製品にいくらかかったと計算できます。しかし、それらを作るのに使った電気代やガス代は、明確に分けづらいですね。

このような製品ごとに分けにくい原価は、どう計算したらよいでしょうか。なかったことにして原価に含めない……わけにはいきませんね。

そこで原価を分類するもうひとつの考え方、ある特定の製品にかかったとわかる原価と、いくつかの製品にまたがっていて区分がむずかしい原価に分ける考え方が必要になります。

原価を「直接費」と「間接費」に分けてみる

どの製品にいくらかかったか
直接つかめる

↓

直接費

小麦粉、木材などの
材料代（いわゆる「原材料」）

作業にあたった
人の賃金　など

複数の製品にまたがって
間接的にしかつかめない

↓

間接費

電気代
ガス代
水道代
など

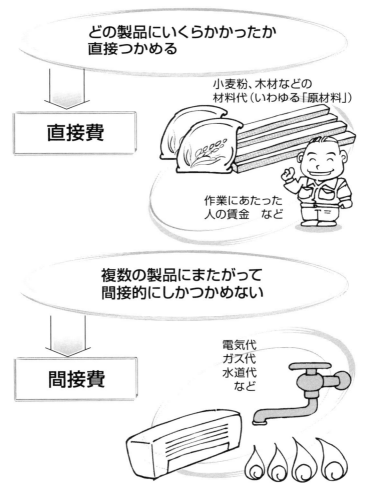

この製品にこれだけかかったと、直接つかめる原価を「直接費」と呼びます。

一方、どの製品にどれだけかかったか区分がむずかしく、間接的にしか把握できない原価は「間接費」です。直接的につかめても、金額が小さくて計算の手間に見合わないものも、間接費として分類されます。

◆──原価の3要素を「直接費」と「間接費」に分ける

直接費と間接費を、前項の「原価の3要素（材料費、労務費、経費）」との関係で見ると、左の図のようにそれぞれの要素に直接費と間接費があります。

ただし、**一般的には材料費と労務費は直接つかめるものが多く、直接費になる割合が高くなります。**反対に経費は、ほとんどが間接費になると考えておいてください。

直接費として分類されたものは、どの製品にいくらかかったとわかるわけですから、そのまま特定の製品の原価として計算できます。一方、間接費として分類された分は、いったんまとめておいてから、一定の基準で各製品に割り振られることになります（↓次項）。

こうして、直接的につかめる原価も、間接的にしかつかめない原価も、最終的には各製品ごとに集計できるようになり、正しい原価がつかめるというわけです。

原価の3要素も、直接費・間接費に分けられる

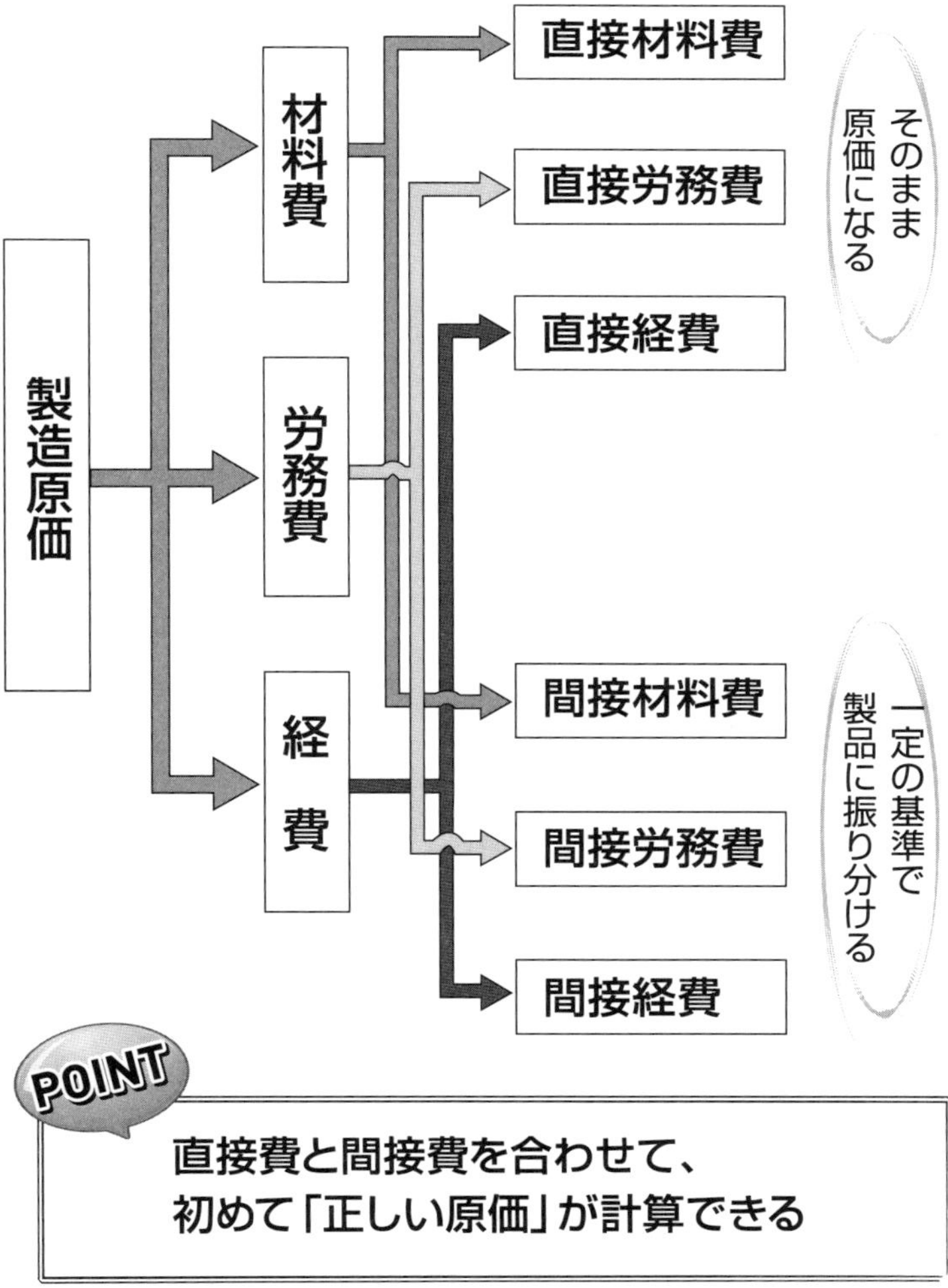

POINT

直接費と間接費を合わせて、初めて「正しい原価」が計算できる

4 もともと分けられない間接費をどう振り分けるか？

製造間接費は、適当な「配賦基準」によって配賦する

◆──「配賦基準」とはどういうものか？

もともと分けられない間接費を、あえて振り分けるには、何か適当な基準が必要です。その基準のことを「配賦《はいふ》基準」といいます。

配賦基準はよく、酒席のお勘定にたとえられます。〝お開き〟というときに、たとえば女性はたくさん飲まないから1000円、男性でも後輩は3000円、先輩の男性は5000円などと、お勘定の総額を分けますね。そうした振り分けの基準が、配賦基準なのです。

◆──配賦基準にはどんなものが適当か？

実際の配賦基準としては、いろいろなものが使われます。たとえば、建物の減価償却費があったら、各製造部門が使用している床面積を配賦基準にする、といった具合です。

また、製造部門ではない補助部門の間接費だったら、配賦基準は各部門の従業員数などが

適当でしょう。**要は、各費目に密接に関係する配賦基準を選択する**ということです。

しかし、人数や床面積が大きくても、仕事の手間は少ない——ということもあります。そこで最近は、仕事の〝手間の度合い〟によって配賦する考え方もされています（↓P186）。

間接費を、どう振り分けるか？

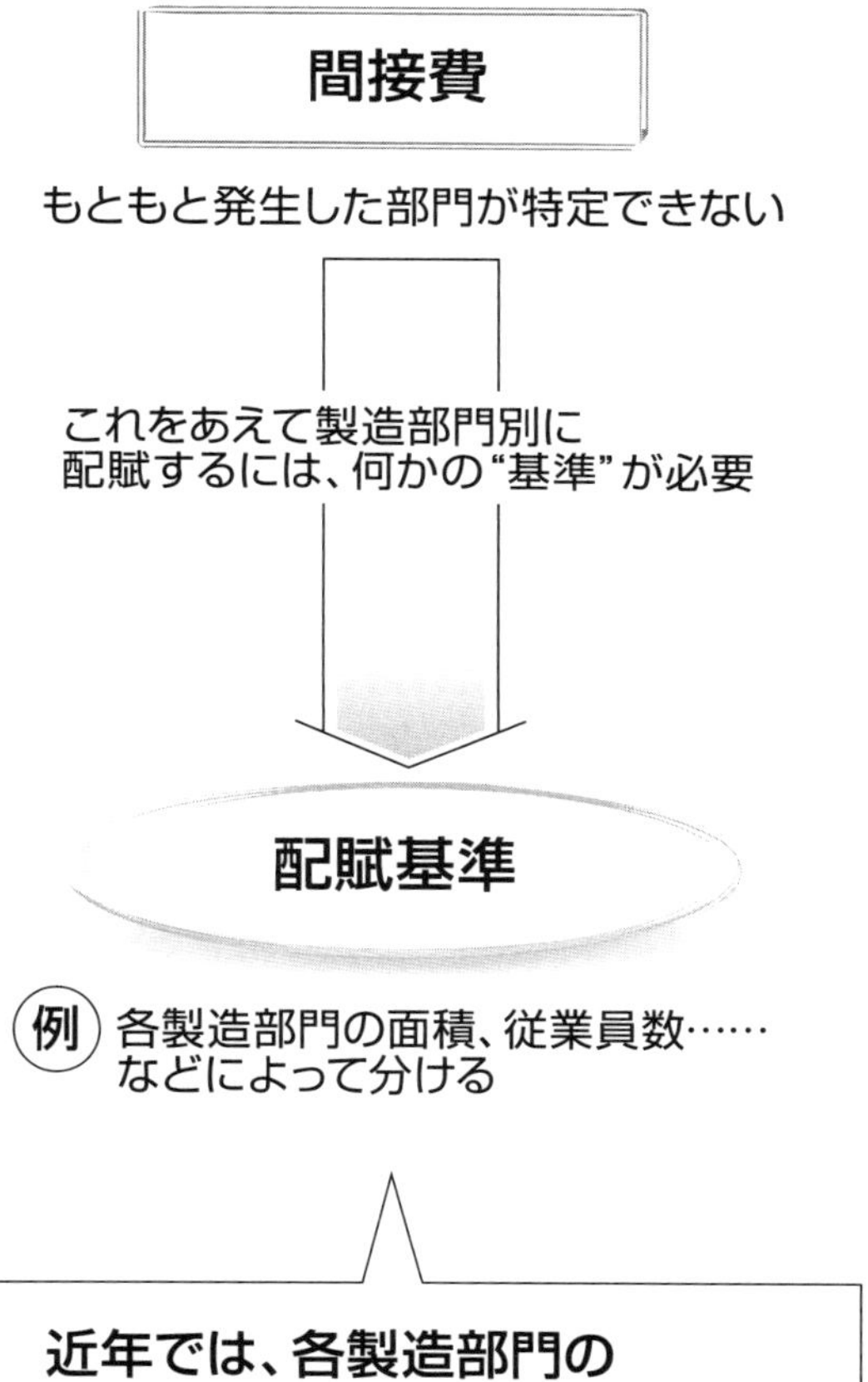
仕事の“手間の度合”に応じて
配賦する考え方もある

5 原価をコントロールする原価計算とは？

「標準原価計算」「直接原価計算」は原価管理や改善のための原価計算

原価をコントロールする原価計算——というと、何かわかったようでわからないかもしれませんね。実は原価計算にもいろいろあるのです。しかも根本的なところで、違う目的に重点を置き、違う考え方や集計をする原価計算があります。

◆——「原価計算」は3種類ある

1つは**「標準原価計算」**というもので、一種の目標値として「標準原価」というものを定め、それと実際の原価を比較・分析して原価管理を進めます。

もう1つは**「直接原価計算」**と呼ばれ、製品の採算性などを見るのに適しています。売上と原価の関係が直接的につかめるので、上手に利用すると、同じ売上高で最大限の利益をあげるようなアイデアが生まれます。

この2つに対して、これまでこの本で説明してきたものは**「実際原価計算」**と呼びます。つまり、大きく見れば原価計算は3種類あるのです。

◆——「原価」にも3つの考え方がある

3つの原価計算の違いは、いってみれば「原価」というものの考え方の違いでもあります。

原価もまた、これまで見てきたものだけが「原価」ではない、ということですね。

3種類の「原価計算」とは？

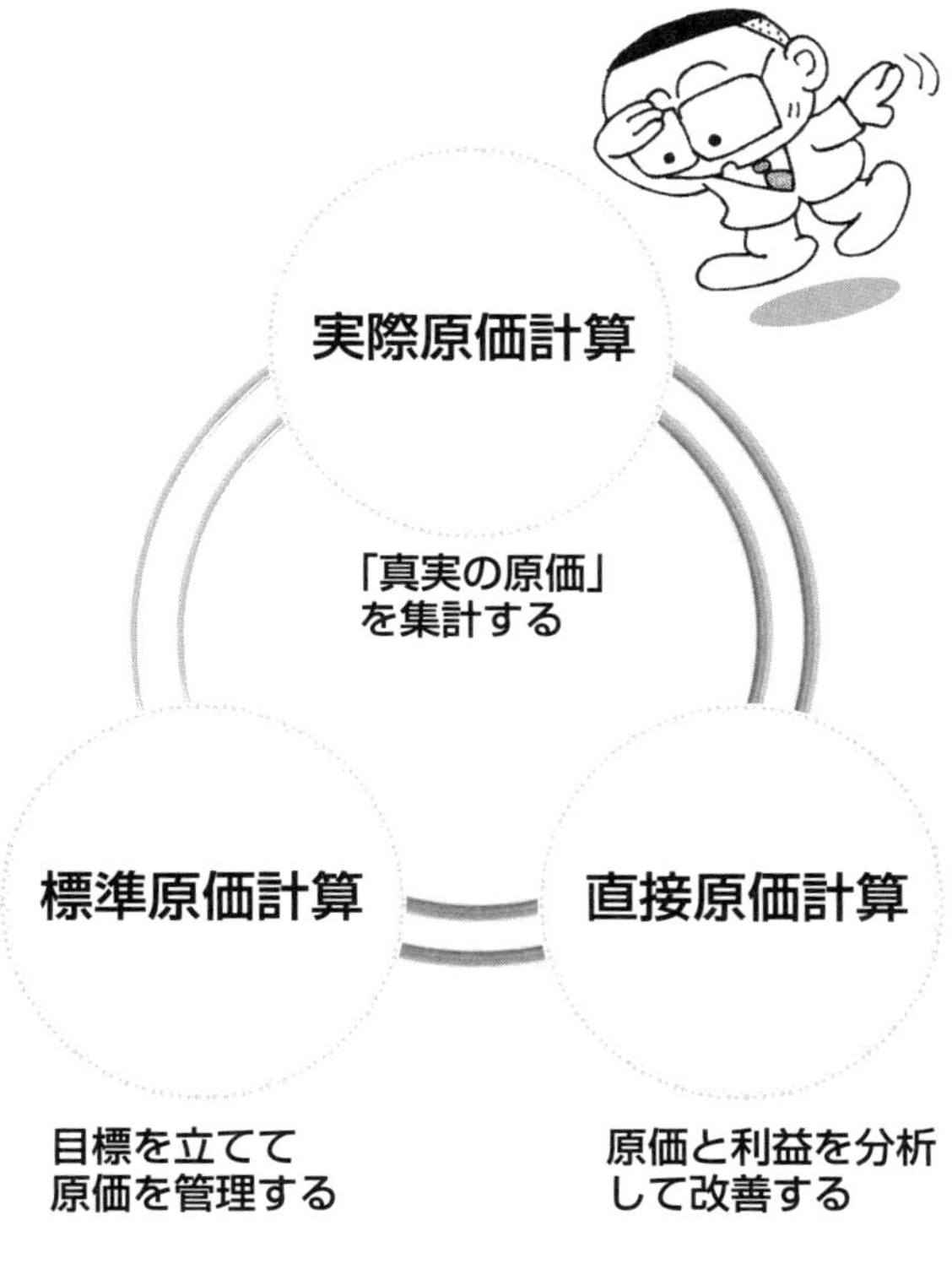
実際原価計算
「真実の原価」を集計する
標準原価計算
目標を立てて原価を管理する
直接原価計算
原価と利益を分析して改善する

POINT

基本は実際原価計算。
目的に応じて別の原価計算を用いる

①「実際原価」と「標準原価」

これまで説明してきたものは「実際原価」で、いわば過去の実績値です。これに対して、標準原価計算では、将来の目標値として「標準原価」というものを設定します。

②「製品原価」と「期間原価」

製品ごとに集計して把握するのを「製品原価」といいますが、製品ごとに集計しない――というより集計すべきでないので、一定期間に発生したものとして把握するのを「期間原価」と呼びます。

製造原価が「製品原価」で、販売費及び一般管理費（↓P50）が「期間原価」です。

③「全部原価」と「部分原価」

実際原価計算では、すべての原価をもれなく集計することが大切ですが、計画や分析のために一部の原価だけを抜き出す考え方があります。実際原価計算の「全部原価」に対して、これを「部分原価」といいます。

直接原価計算で扱う「直接原価」は、最も重要な部分原価です。

このような違う原価の考え方と、違う種類の原価計算は、普通の原価計算とは別の目的を持ったものです。実際原価計算が「真実の原価」を求めるのに対して、より効率的な原価管理や、より利益の出る原価構成を追求するのです。

「原価」の3つの考え方とは？

実際原価 VS. **標準原価**

↓ 標準原価計算

☞P164

製品原価 VS. **期間原価**

↓ 決算書

☞P50

全部原価 VS. **部分原価**

↓ 直接原価計算

☞P174

POINT

実際原価計算ではひたすら「真実の原価」を求めるが、標準原価計算や直接原価計算は原価の管理や改善が主な目的

6 要するに「固定費」「変動費」とは何？

たくさん作るほど増える原価と、たくさん作っても変化しない原価

◆――原価を「固定費」と「変動費」に分ける

原価は、必要に応じていろいろな分類のしかたがされます。「原価の3要素」や「直接費」「間接費」は、原価を正しく計算するための分類でした。

一方、**ビジネスの計画や意思決定の材料として、原価の計算を活用するための分類方法もあります。そのひとつが、原価を「固定費」と「変動費」に分ける考え方**です。

「固定費」というのは、ひと言でいうと作る製品の量に関係なく、どうしても一定額がかかる原価。一方、「変動費」は作る製品の量に比例して増減する原価です。

◆――作らなくても発生するのが「固定費」、製造量によって変わるのが「変動費」

たとえば、仮にまったく製品を作らない月があっても、従業員の月給は支払わなくてはならないので、その分の労務費は固定費になります。

他方、材料費のほとんどは生産量が増えるほど増えますね。こうした原価は、変動費です。

つまり、**正確にいえば固定費・変動費とは、原価を「操業度」との関係から見た分類なの**

原価を「固定費」と「変動費」に分ける

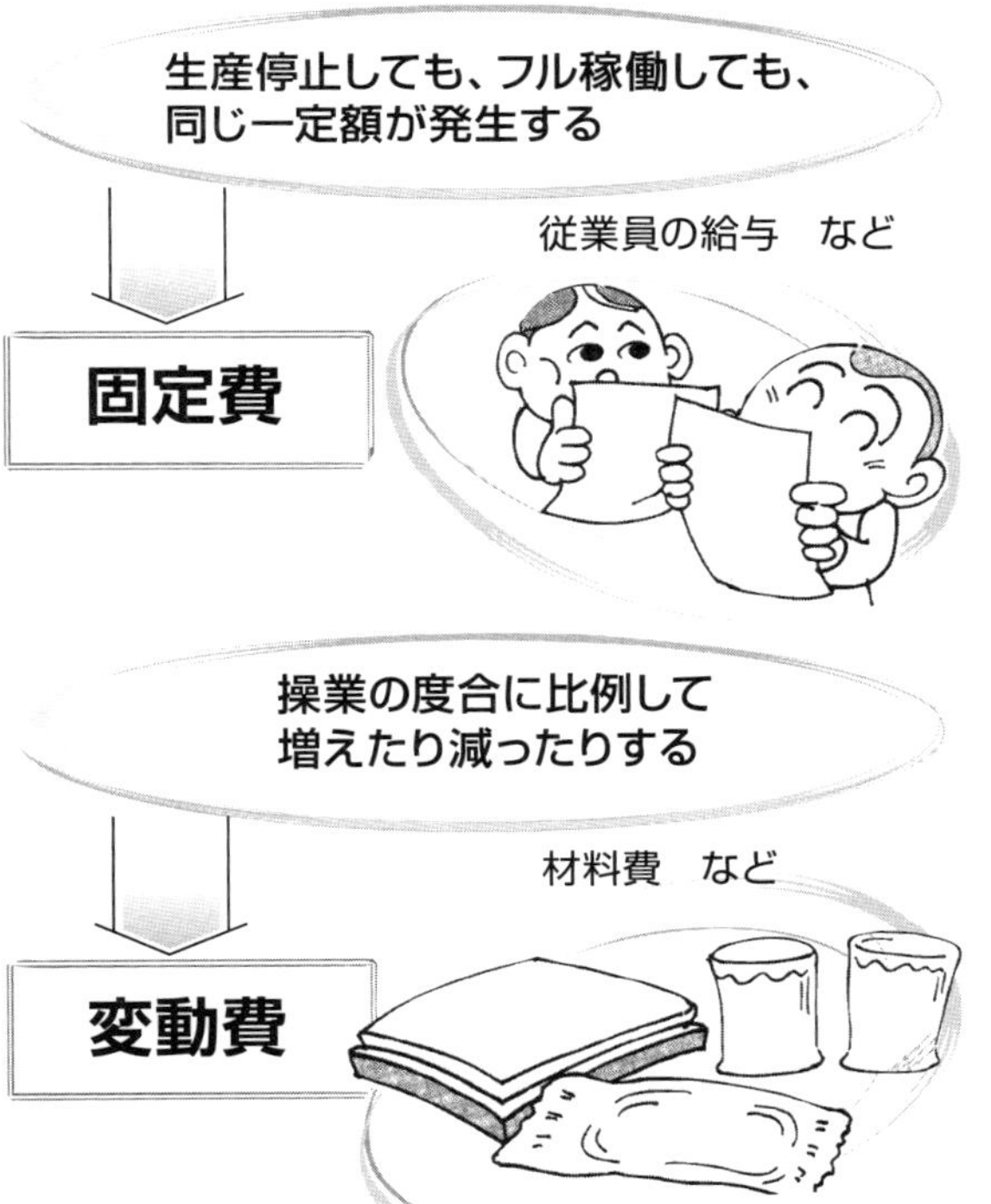
生産停止しても、フル稼働しても、
同じ一定額が発生する
従業員の給与　など
固定費
操業の度合に比例して
増えたり減ったりする
材料費　など
変動費

POINT

**決算書作成や原価計算には
直接関係ないが、
分析や計画には重要な分類！**

です。**生産設備を利用しても利用しなくても変化しない原価が固定費**、**生産設備の利用度が増えたり減ったりするとそれに応じて増減する原価が変動費**です。

もっとも、原価の中には固定費と変動費の中間的なものもあります。たとえば、電気代などはまったく使わなくても基本料金がかかり、後は使った量に応じて料金が増えます。こうした原価は**「準変動費」**といいます。

反対に、生産現場の監督者の給料などは、生産量が増えて忙しくなると時間外手当で増えますが、残業にも限界があるので一定額以上には増えません。これは**「準固定費」**です。

◆──「固定費」「変動費」に分けると何ができる？

固定費・変動費という原価の分類は、実は、決算書をつくるときにも、正しい原価の計算にも直接の関係がありません。しかし、会社全体の利益や個別の製品の利益率を見るときに大きな力を発揮します。

左の図にあげたのは、原価を固定費と変動費に分類すると可能になることです。というより、こうした分析や計画は、原価を固定費と変動費に分類することなしにはできません。原価の計算に直接関係しないにもかかわらず、固定費と変動費が重要なのはそのためです。

「固定費」と「変動費」に分けるとできること

①　「損益分岐点分析」ができる

自社の売上や生産量と、原価や利益の関係が
分析でき、儲かる会社にするための方法がわかる
(→P182)

②　「直接原価計算」ができる

個別の製品の採算性がわかり、重点製品や
製品構成を正しく判断できる
(→P174)

③　適切な利益計画・予算が立てられる

目標売上高の正確な「原価予測」ができ、
利益目標や予算が立てられる
(→P178)

POINT

**固定費と変動費を分類しないと、
こうした分析や計画はできない**

7 「原価計算制度」とはどういうものだろう

「財務会計」のシステムと緊密に結びついて、常時継続的に計算を行なう

◆――原価の計算を行なうルールをつくっておく

この章の最初で見たような原価計算の目的（↓P68）を達成するには、原価計算がつねに、継続して行なわれるようなしくみになっていなければなりません。つまり、たまに一部分だけ計算するのでは、原価計算にならないということです。

そこで、原価計算を行なう場合には、決算書をつくるしくみと同様に、原価を計算するルールや帳簿を制度的につくっておきます。

これを「原価計算制度」と呼びます。

◆――「財務会計」の帳簿に組み入れて記録・計算する

ちなみに、会社が決算を行なって決算書をつくるしくみは、専門用語では**「財務会計」**といいます。

「原価計算制度」とは？

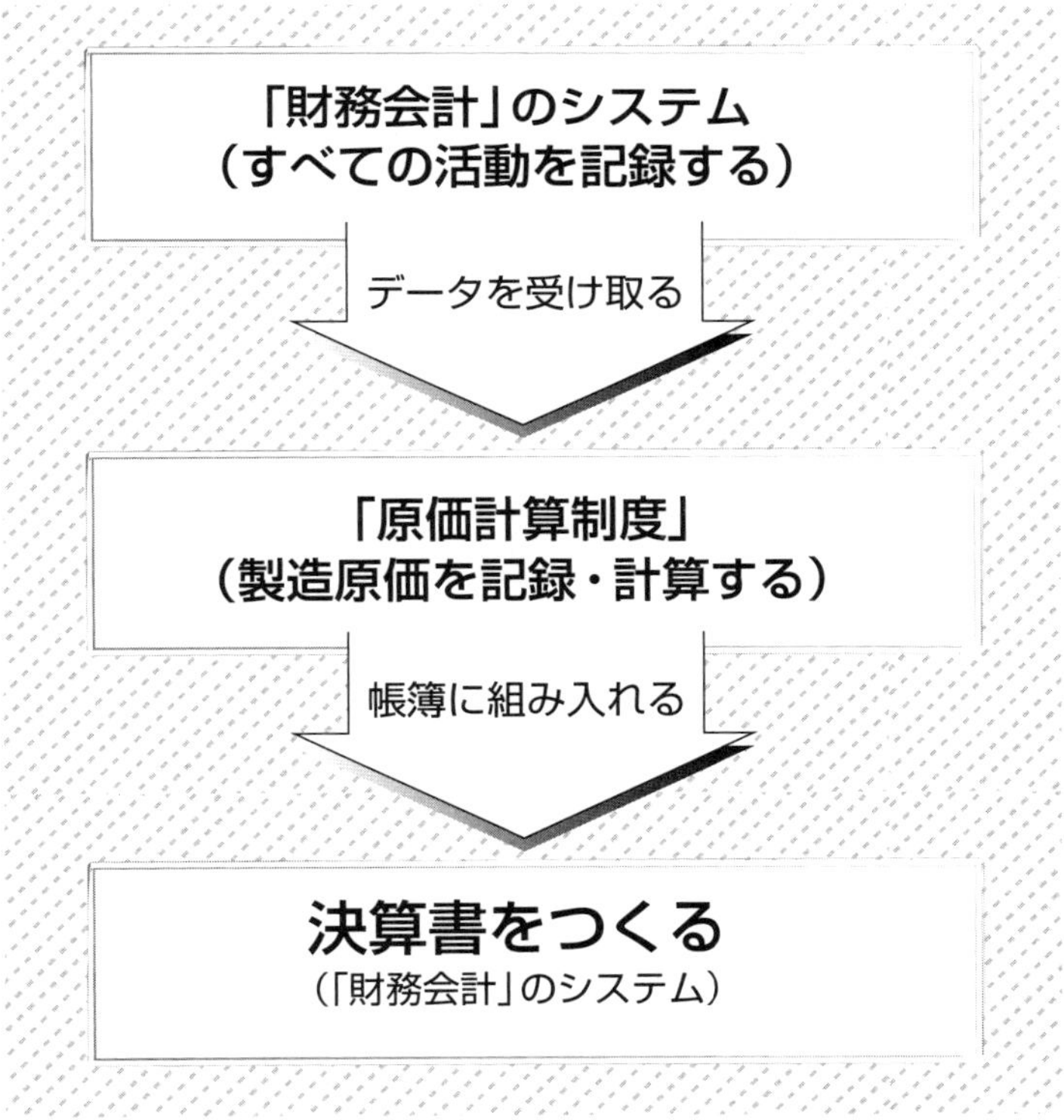

POINT

「原価計算制度」は、「財務会計」と緊密に結びついている！

原価計算は、この財務会計のシステムから計算の元になるデータを受け取り、計算の結果を財務会計に組み入れて決算書の作成に役立てるしくみです。固定費・変動費の分類など、一部を除いて原価計算独自のデータを収集することはありません。

ですから**原価計算制度は、財務会計とほとんど一体といっていいほど、密接に結びついています。**「原価計算制度」と聞くと、特別な制度が別にあるような感じがしますが、そのほとんどの記録や計算は、一部を除いて決算書をつくるための会計帳簿に組み入れられるわけです。

原価計算が常時、継続的にできるしくみになっているのはそのおかげです。

第3章

それでは「原価」の中身を見てみよう

材料費、労務費、経費――
いろいろな原価の中身をのぞいてみると、
ビジネスのことがわかってくるのです！

1 「材料費」の中身は、いわゆる「材料」だけではない

モノの「消費によって生ずる原価」はすべて材料費になる

◆――小麦粉や木材だけが材料費なの？

この章からは、原価に含まれるいろいろな費用の中身を見ていきます。まず、原価の3要素の筆頭、「材料費」からです。

「材料費」と聞くと、まず思い浮かぶのはいわゆる〝材料〟――パンなら小麦粉やバター、本棚なら木材や塗料などですね。しかし、原価計算でいう「材料費」には、実はもっと多様なものが含まれています。

◆――工具や備品でも「消費」されるものは材料費

材料費は「物品の消費によって生ずる原価」と定義されています。

ですから、いわゆる材料以外にも、製品を作るために消費される部品や燃料も材料費になるのです。

郵便はがき

料金受取人払郵便

牛込局承認

9092

差出有効期限
令和7年6月
30日まで

162-8790

東京都新宿区揚場町2-18
白宝ビル7F

フォレスト出版株式会社
愛読者カード係

フリガナ お名前	年齢　　　歳 性別（ 男・女 ）
ご住所 〒 ☎（　　　）　FAX（　　　）	
ご職業	役職
ご勤務先または学校名	
Eメールアドレス メールによる新刊案内をお送り致します。ご希望されない場合は空欄のままで結構です。	

フォレスト出版　愛読者カード

ご購読ありがとうございます。今後の出版物の資料とさせていただきますので、下記の設問にお答えください。ご協力をお願い申し上げます。

● ご購入図書名　「　　　　　　　　　　　　　　　　」

● お買い上げ書店名「　　　　　　　　　　　　　　」書店

● お買い求めの動機は?

1. 著者が好きだから
2. タイトルが気に入って
3. 装丁がよかったから
4. 人にすすめられて
5. 新聞・雑誌の広告で（掲載誌誌名　　　　　　　　　　）
6. その他（　　　　　　　　　　　　　　　　　　　　　）

● ご購読されている新聞・雑誌・Webサイトは?

（　　　　　　　　　　　　　　　　　　　　　　　　　）

● よく利用するSNSは?（複数回答可）

☐ Facebook　☐ Twitter　☐ LINE　☐ その他（　　　　　　　　）

● お読みになりたい著者、テーマ等を具体的にお聞かせください。

（　　　　　　　　　　　　　　　　　　　　　　　　　）

● 本書についてのご意見・ご感想をお聞かせください。

● ご意見・ご感想をWebサイト・広告等に掲載させていただいてもよろしいでしょうか?

☐ YES　☐ NO　☐ 匿名であればYES

また、言葉のイメージからはちょっと意外な感じもしますが、**消耗品である工具や備品も「消費」されるので、やはり材料費になります。**

「材料費」とは、何だろう

材料費とは、いわゆる「原材料費」ではない

↓

「物品の消費によって生ずる原価」のこと

↓ ということは……

部品代や**燃料代**、さらに
消耗品である**工具**や**備品**も
材料費になる

2 ひと口に材料費といっても、実は5種類の原価

主要材料費、買入部品費、燃料費、工場消耗品費、消耗工具器具備品費の5つ

◆——5種類の材料費とは?

原価計算の上では、材料費は左の図の5つの種類に分類されています。

①主要材料費

製品の主な部分を形作る材料の費用です。「素材費」とか「原料費」ともいいます。作る製品によって主要材料は変わり、たとえばパンなら小麦粉、木製本棚なら木材です。

ちなみに、「原料」という言い方もありますが、薬品など化学的変化で元の形と異なる製品になるものを「原料」、鉄製品のように物理的加工だけで元の性質が変わらないものは「材料」と呼びます。

②買入部品費

外部から部品の形で購入したものは、買入部品費になります。木製本棚なら金具、自動車ならタイヤやカーエアコンなど、買い入れてそのまま製品に取り付けるものです。

「材料費」は5つに分類される

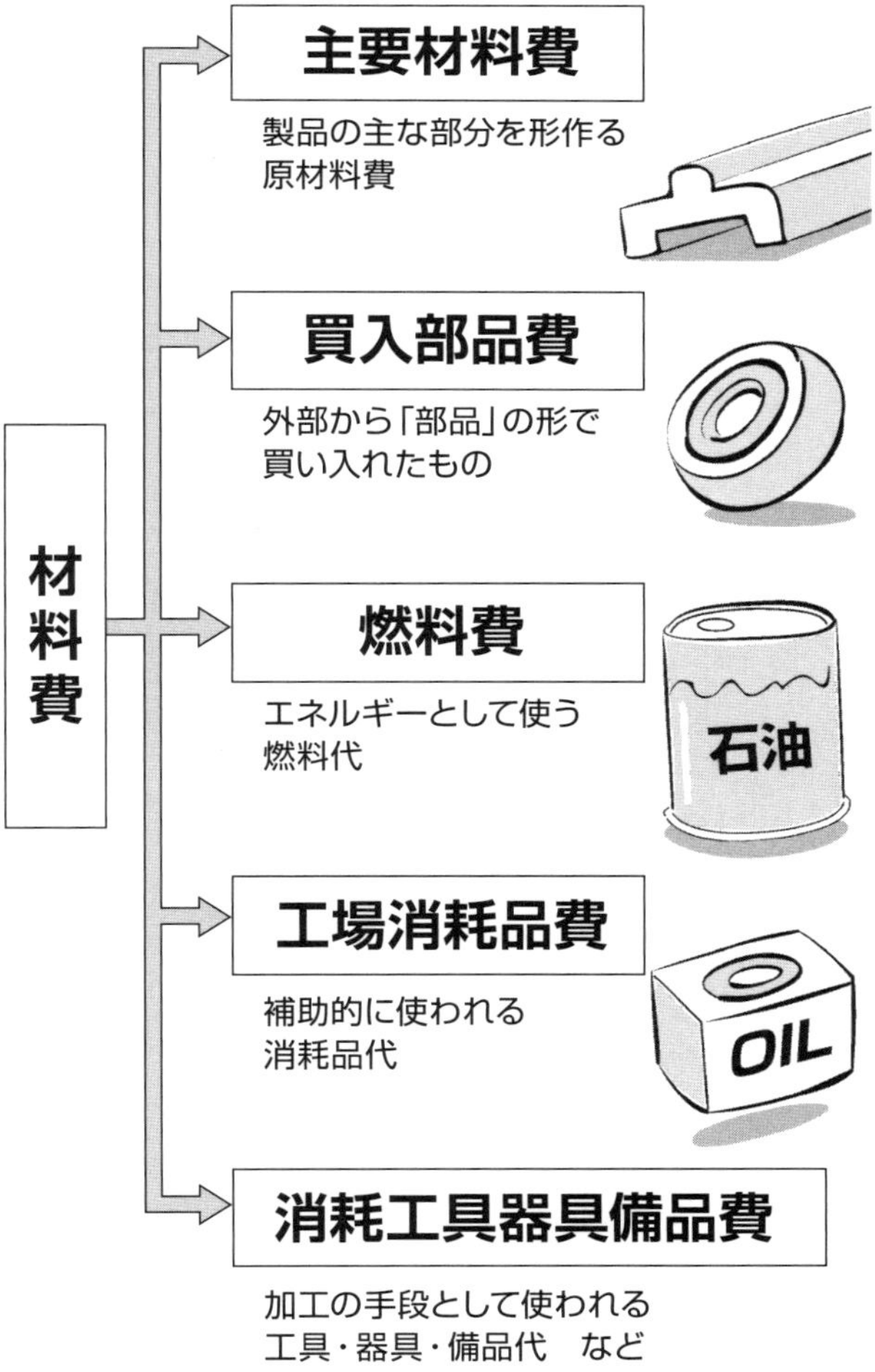

③燃料費

製品製造にエネルギーとして使う石油などの費用ですが、電気代・ガス代など消費量を測るものは「経費」のほうに分類されます（↓P122）。

④工場消耗品費

機械の潤滑油、塗料、化学薬品など、製造の際に補助的に使われるものです。軍手・作業着・ブラシなども、ここに分類されます。

⑤消耗工具器具備品費

カッター、ドリル、スパナなど、加工の道具として使われるもの。価格が20万円以上か、耐用年数が1年以上のものは資産になるので、減価償却費のほうに計上されます（↓巻末）。

◆――「直接材料費」と「間接材料費」がある

材料費以外についてもいえることですが、原価計算の上で重要になるのは「直接費」「間接費」（↓P76）への分類です。

5種類のうち主要材料費と買入部品費は、どの製品に使ったか直接つかめるものが多いので「直接材料費」になります。それ以外の燃料費・工場消耗品費・消耗工具器具備品費は、製品ごとに区分するのがむずかしかったり、金額が小さくて重要でないので間接材料費です。

材料費は「直接材料費」と「間接材料費」に分類される

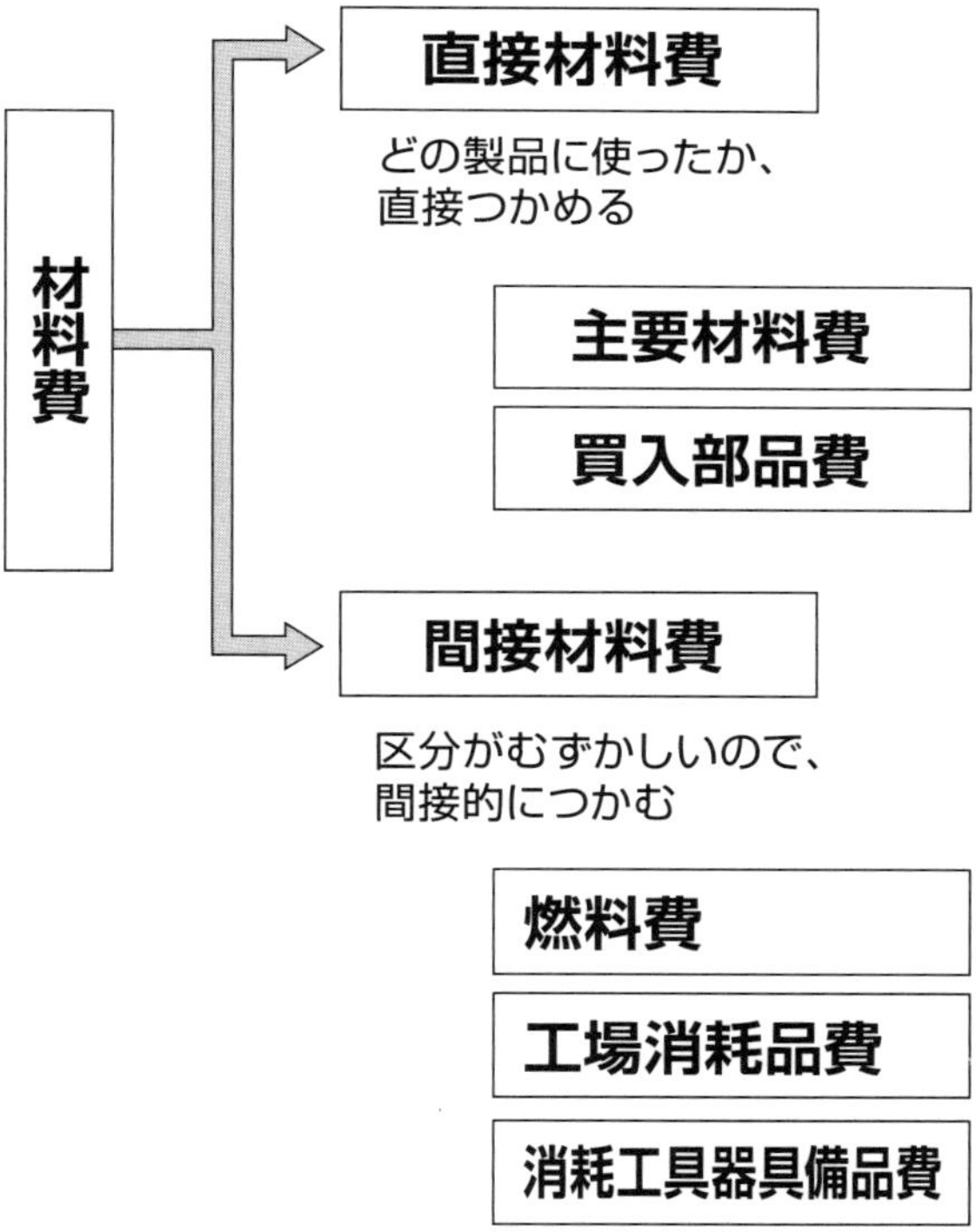

POINT

原価計算では「直接費」「間接費」の分類が重要なポイント！

3 使った分の材料費だけを計算するには？

材料費は、実際の消費量に価格をかけて計算する

◆──仕入れた材料代全部が材料費ではない

材料費の計算で注意が必要なのは、仕入れた材料代の全部ではなく、使った（消費した）分だけが原価として計算されることです。

材料は、大量仕入れの値引きや手間を考えて、まとめてたくさん仕入れることがあります。その全部を作った製品だけの原価にしたのでは、おかしなことになってしまいます。

ですから、材料費の計算は、左の図のように使った材料の量（消費量）にその価格（消費価格）をかけて購入代価を計算することからスタートします。

◆──「消費量」と「消費価格」をかけると材料費になるが……

この計算式は簡単なように見えますが、実際の計算は実はそう簡単ではありません。なぜかというと、材料の消費量と消費価格が単純には決められないからです。

たとえば、1つのフランスパンを作るのに小麦粉を何グラム、バターを何グラム使ったか、正確につかむには何か方法を考えなくてはなりません。また、価格にしても、市場の動向に

「材料費」は、こうして計算する

仕入れた材料の全部が原価ではない

↓ そこで

材料費（購入代価）＝ 消費量 × 消費価格

- 消費量 ← 仕入れた材料ではなく、使った材料
- 消費価格 ← 使った材料の価格

このように、計算式は簡単だが、実際の「消費量」「価格」を決めるのは意外と面倒。それは次ページから

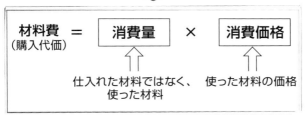

よってたぶん毎日のように変わっているはずです。

量と価格をかけるというのは簡単ですが、実際の計算は単純にはいかないのです。

◆――使った分の材料だけを計算する方法

まず、材料の消費量をつかむ方法を考えてみましょう。

いちばん確実な方法は、材料を倉庫から出すつど、「材料元帳」などの帳簿にいちいち記録しておくことです。これを「継続記録法」といいます。

しかし、いちいち小麦粉○グラム、バター△グラムと記録するのは、現実にはむずかしい場合もありますね。

細かく何度も出庫する材料では手間がたいへんですし、金額の少ないものではそもそも、記録の手間と必要性が見合わないことにもなります。

そこで、商品や製品でも行なう「棚卸《たなおろし》」（→P60）をして、消費量を計算する方法もあります。**当初の在庫と仕入れた分から残っている在庫の分を引いて、消費量を計算するわけで、こちらは「棚卸計算法」**といいます。

一般的にはこちらの方法がとられています。

製品に使った材料の量を計算するには？

材料費 ＝ 消費量 × 消費価格

ここを計算するには？

材料の種類ごとに、
出庫するつど記録する

継続記録法

材料元帳（小麦粉）
○月○日払出10kg　残高90kg

棚卸をして在庫を調べ、
消費量を計算する

棚卸計算法

期首棚卸数量	＋	当期購入量	−	期末棚卸数量	＝	消費量
当初の在庫		仕入れた分		残った在庫		使った材料

POINT

一般的には、簡便法の「棚卸計算法」が使われる

4 材料の値段が変わったときに材料費を計算するには?

「先入先出法」「後入先出法」などの計算方法で、材料の消費価格を求める

◆――材料の値段が変わる前の価格か、変わった後の価格か

材料費の計算式「消費量×消費価格」のもう一方の要素、「消費価格」にも問題があります。消費価格は、「使った材料の実際の購入価格」が原則ですが、これが市場の原理でときどき変わるのです。

倉庫に残っている先週仕入れた小麦粉がキロ130円で、今週仕入れたらキロ140円だったとしたら、いったいどちらの価格を消費価格として計算したらよいでしょうか。

こうした場合は、左の図のようないくつかの計算方法があります。

いちばん自然なのは、先に仕入れたほうから先に消費したと考えて計算する**「先入先出(さきいれさきだし)法」**でしょう。

これと反対に、後から仕入れたほうから先に消費したとして計算するのが**「後入先出(あといれさきだし)法」**です。

また、平均をとる場合にも、「移動平均法」「総平均法」の2つがあります。「個別法」は、最も確実ですが、手間がたいへんで大量生産には向きません。

値段が変動する材料の消費価格を計算するには？

材料費 ＝ 消費量 × **消費価格**

↑ ここを計算するには？

①先に仕入れたほうから先に消費すると考えて計算する

⇩

先入先出法

②仕入れるつど計算し直した平均で計算する

⇩

移動平均法

③1カ月間に仕入れたものの平均で計算する

⇩

総平均法

④後から仕入れたほうから先に消費すると考えて計算する

⇩

後入先出法

⑤仕入れた材料ごとに価格がわかるようにしておく

⇩

個別法

＊後入先出法は2010年以降廃止され、決算などには利用できません。

ほかにも「最終仕入原価法」「予定価格法」など、いろいろな方法がある

このほか、最後に仕入れた価格で計算する「最終仕入原価法」、過去の仕入れと今後の市場動向から予定価格を決めて計算する「予定価格法」なども実務では利用されます。

なお、**いずれも計算にあたっての考え方なので、実際の材料の出庫は計算方法と違ってもかまいません**。たとえば、実際の材料はとくに順序を決めて使っていなくても、先入先出法で計算してさしつかえないわけです。

◆──消費価格の計算方法で材料費が変わる

ここで、消費価格の計算方法によって原価がどう変わるか、簡単な例を計算してみましょう。左の図のように、先週と今週で価格が変わった小麦粉があったとして先入先出法と、実務では利用できませんが後入先出法で材料費を計算してみます。

「先入先出法」だと、先週（4月1日購入）の分から使ったとして計算します。「後入先出法」だと、今週（4月10日購入）の分から使ったとして計算するのです。結果は、図のような材料費の違いとなってあらわれます。

原価が変われば利益の額も変わるのですから、消費価格の計算方法の選択もおろそかにはできませんね。

「先入先出法」と「後入先出法」で比べてみよう

小麦粉の例

購入	4／1	100kg	130円／kg
	4／10	50kg	140円／kg
消費	4／20	120kg	

● 先に入ったほうから先に出た、と考えると **先入先出法**

4／20の消費

4／1の100kg→	100kg×130円／kg＝	13,000円
4／10の20kg→	20kg×140円／kg＝	2,800円
計 120kg		15,800円

● 後に入ったほうから先に出た、と考えると **後入先出法**

4／20の消費

4／10の 50kg→	50kg×140円／kg＝	7,000円
4／1の 70kg→	70kg×130円／kg＝	9,100円
計 120kg		16,100円

POINT

＊後入先出法は2010年以降廃止され、決算などには利用できません。

消費価格の計算方法によって、「材料費＝原価」の額が変わる

5 運賃や事務費用も材料費のうち？

材料の引取費用や購入事務などの費用を合わせて「材料副費」という

◆──材料の仕入れにもいろいろな付随費用がかかる

材料の消費量と消費価格が決まると、材料費が計算できる……かと思うと、実はまだ計算に入れていないものがあります。

商品の仕入れの場合、購入代価に付随費用を加えたものが仕入原価になるのでしたね（→P42）。同じことが、材料費についてもいえるのです。

◆──購入代価に「材料副費」を加えたものが材料費

材料を仕入れるには、買入手数料・引取運賃・荷役費・保険料、輸入品の場合は関税などの引取費用がかかることがあります。また、それに加えて、社内では購入の事務、材料の検収・整理・選別、さらには手入れや保管の費用も必要です。

これらを「**材料副費**」といいます。

材料副費は間接経費とすることもできますが、いずれにしてもこれらの費用も加えることによって正しい原価が計算できるというわけです。左の図で、それを確かめてください。

材料費は、こうして計算する（購入原価の場合）

材料の仕入れにも、いろいろな費用がかかる
そこで
材料費 ＝ 購入代価 ＋ 材料副費
（購入原価）
買入手数料
引取運賃
荷役費
保険料
輸入品の場合は関税
その他、社内でかかる事務や保管の費用
これら「材料副費」も加えることで、正しい原価計算ができる

6 「労務費」に含まれる人件費の種類は？

給料・ボーナス・手当などのほか、退職金や社会保険のための費用も計算する

◆──労務費には6種類の人件費が含まれている

続いて、第2の原価要素である「労務費」について見ていきましょう。

「労務費」と聞くと、製造に従事してくれた人に対して、労働の対価として支払う〝給料〟というイメージが思い浮かびます。

しかし**労務費は、「労務用役の消費によって生ずる原価」と定義される**ものです。つまり、人の労働──モノではなくサービスの提供を受けてかかった費用全般ということです。

ですから、材料費が直接の材料代だけでないように（↓P94）、労務費には給料以外のさまざまな労働に関する費用、製品の製造に直接携わった人以外の費用が含まれます。

具体的には、労務費は「賃金」「給料」「雑給」「従業員賞与・手当」「退職給付費用」「福利費」の6種類に細分されるのです。

それぞれについて、簡単に説明しておきましょう。

「労務費」とは、どういう原価なのだろう

労務費

「労務用役の消費によって生ずる原価」

つまり

いわゆる「給料」だけでなく、
退職金や社会保険のための費用も労務費

さらに

直接製造に従事しない人の費用でも、
労務費になるものがある

「労務費」には、いわゆる「給料」以外にもいろいろ含まれる（☞P113）

◆——製造現場で働く人の「賃金」から、社会保険料の「福利費」まで、いろいろ

私たちの感覚からすると、会社から毎月支払いを受けるものは何でも〝給料〟ですが、原価計算ではこれをいくつかに分類します。まず、**製造の現場で働いている人に支払うのが「賃金」。基本給はもちろん、時間外労働などの割増賃金も含みます。**

そのまま「給料」と呼ぶのは、技術者や工場の事務部門で働く人の分の給与です。ただし、本社の経理・総務や、販売の事務の分は労務費になりません（↓P52）。

一方、製造の現場で働いてもらっても、**臨時雇いやパートタイマーの人の分は「雑給」**になります。同じパート、アルバイトでも、販売員の人のほうは販売費及び一般管理費です。

「従業員賞与・手当」には、ボーナスと、家族手当・通勤手当・皆勤手当などが含まれます。ただし、作業に直接関係する時間外手当・深夜手当などは、賃金か給料のほうです。

また、会社では従業員の退職金支払いに備えて、一定の金額を積み立てていることがあります。これが**「退職給付費用」**で、工場関係の人の分は労務費です。

さらに、**工場関係の人の健康保険、厚生年金保険、労災保険、雇用保険については、会社負担分を「福利費」として計算します。**ちなみに、労災保険は全額会社負担、その他についても一定の割合が会社負担です。

労務費になる6種類の原価

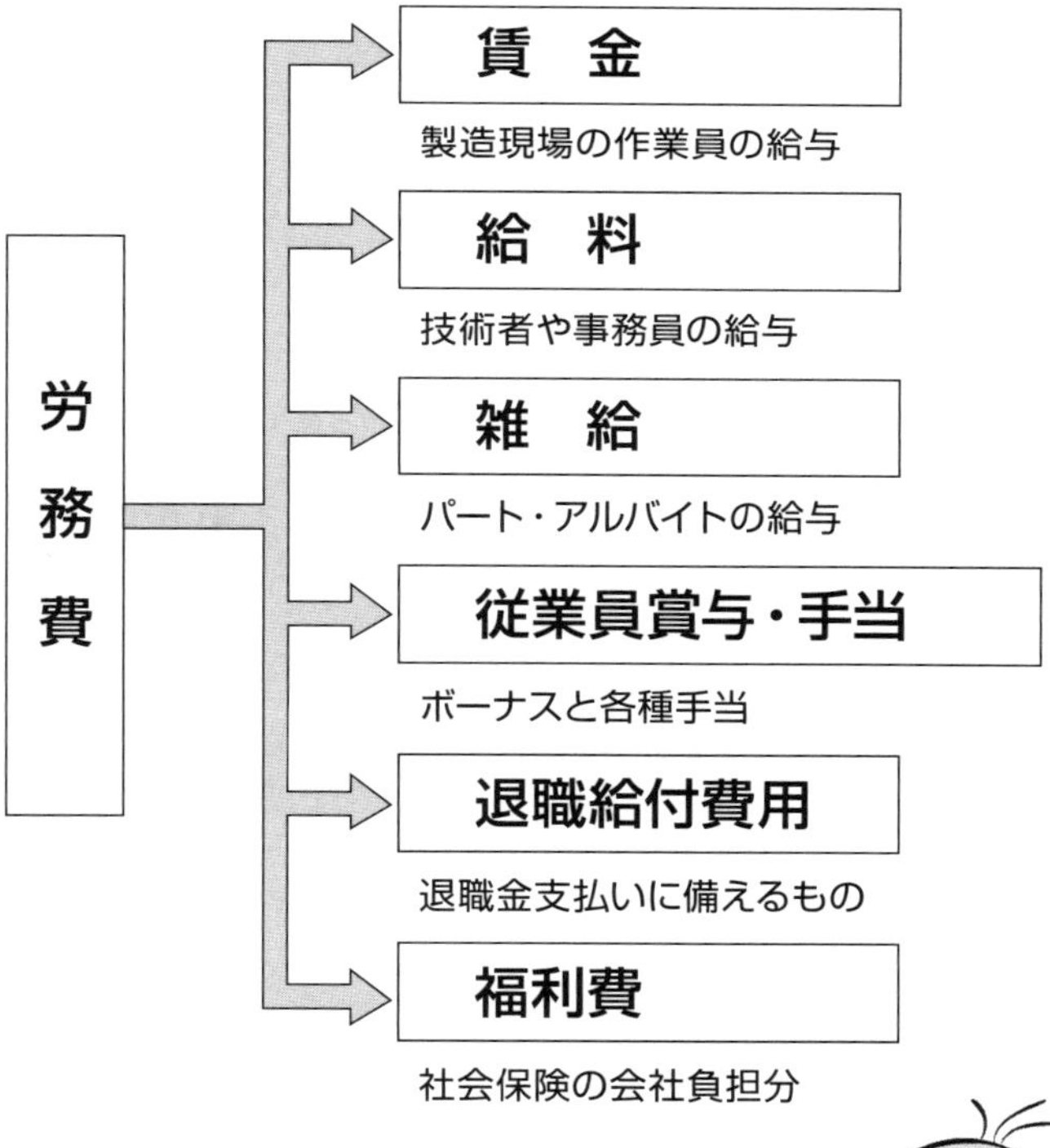

POINT

同じ給与でも、製造現場の人は「賃金」、技術者・事務員は「給料」、パート・アルバイトは「雑給」に。販売員などは「販売費及び一般管理費」です

7 「20日締め25日支払い給料」のズレを調整する

「支払労務費」を原価計算の「消費労務費」に合わせて控除・加算する

一般に、会社の〝月給〟は、20日までの分を25日に支払う、といったケースが多いものです。一方、原価のほうは月初から月末までを計算の期間にしています。当然、計算期間にズレが生じるわけですが、その分の計算はどうしているのでしょうか。

ここで「消費労務費」という考え方が登場します。

期間がズレているものは、期間を合わせて調整しなければなりません。そこで原価計算では、左の図のように前月の21日から月末までの分を控除し、一方で今月21日から月末までの分を加算するという調整を行なって月末締めにするのです。

この例で25日に給与として支払った金額は「支払労務費」、原価計算のために月初から月末に計算し直したものは「消費労務費」といいます。ここで計算した消費労務費を、後の計算で直接労務費と間接労務費に分けます（↓次項）。

“月給”と「労務費」のズレを調整する

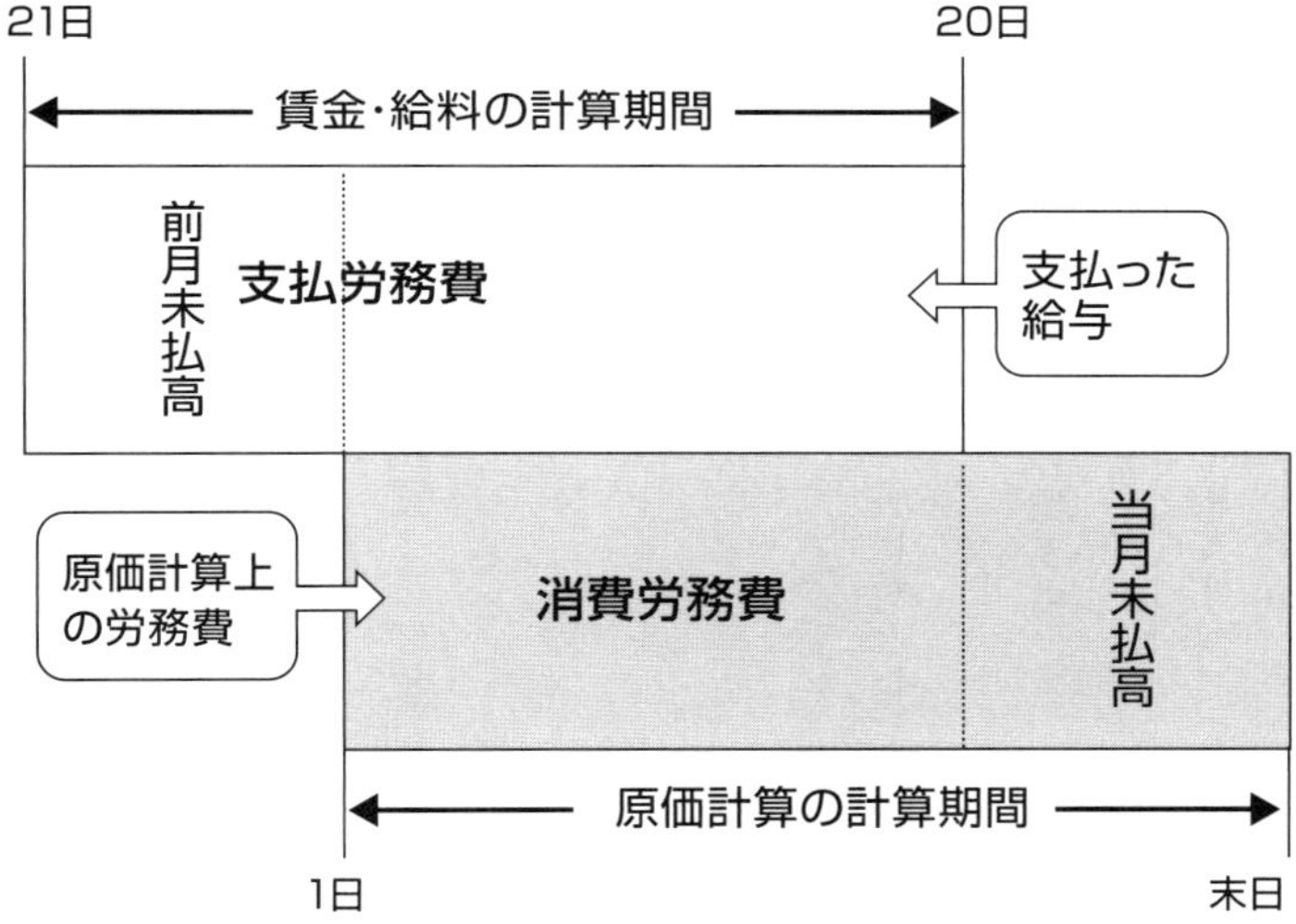

原価計算上の消費労務費 ＝ 支払労務費 − 前月未払高 ＋ 当月未払高

POINT

実際に払った給与は「支払労務費」。原価計算上のものは「消費労務費」

8 労務費を直接労務費と間接労務費に分ける

「直接工」の「直接作業時間」を求め「平均予定賃率」などの金額をかける

労務費の場合も直接費と間接費――つまり「直接労務費」と「間接労務費」に分ける計算が必要です。労務費を形態別に見ると（→P110）、まず給料はそのまま間接労務費になります。技術者や事務員の給料は、特定の製品にかかったと直接つかむことができないからです。

また、従業員賞与・手当、退職給付費用、福利費については、本来、直接労務費となる部分が含まれているはずですが、これを分ける計算は簡単ではありません。

そこで、実際には全額を間接労務費として計算することが多いようです。

◆――まず「直接作業時間」を計算する

となると、問題は賃金と雑給です。これは、どの製品にどれだけかかったと計算できそうですね。といって、製造現場で働くすべての人が、四六時中、製品を作る仕事に従事しているわけでもないので、左の図のようにまず作業員を「直接工」と「間接工」に分けます。

「直接工」の直接作業時間を求める

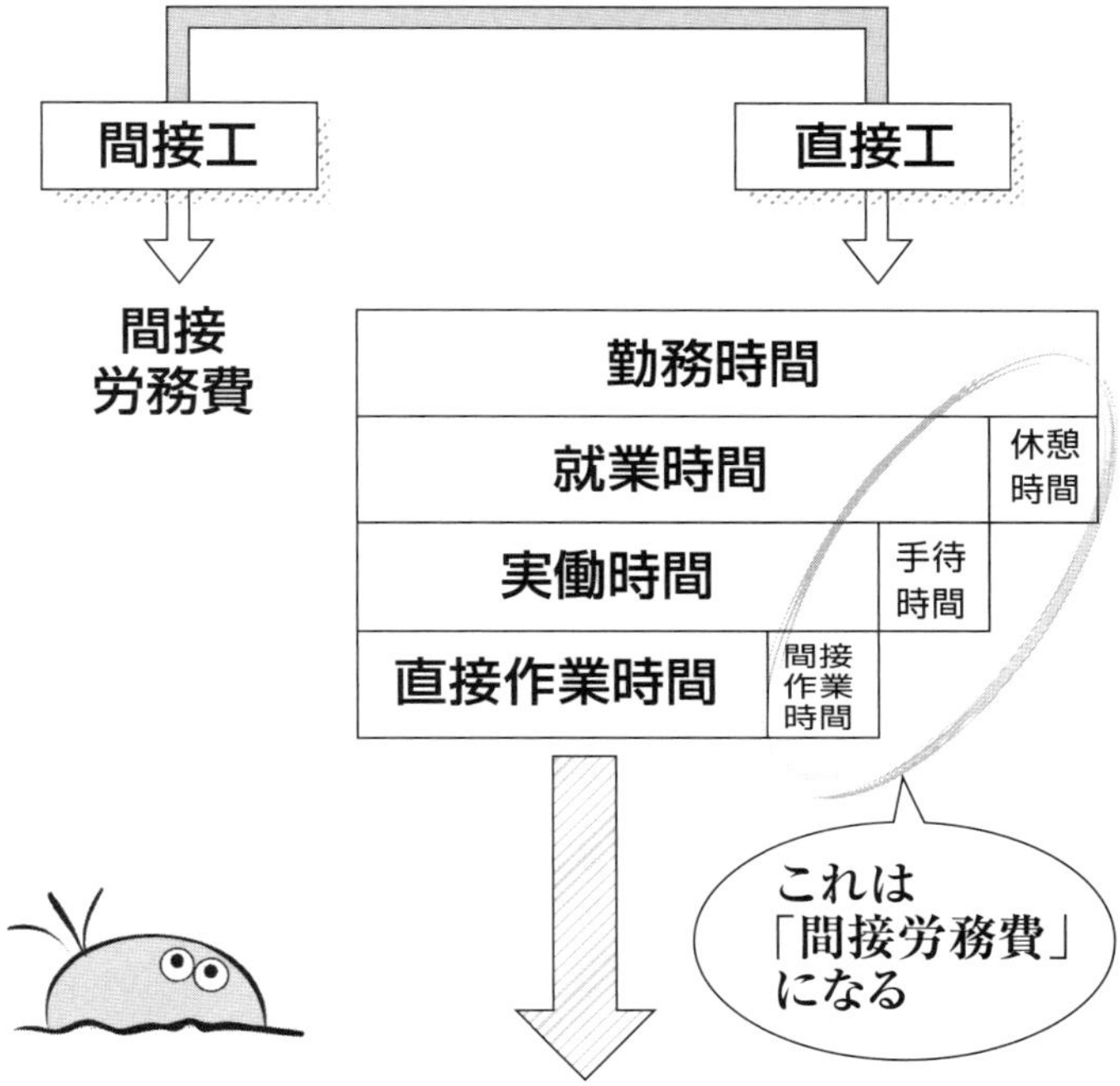

直接労務費 ＝ 直接作業時間 × 賃率

POINT

休憩時間などを除いた直接作業時間の分だけが、直接労務費になる

「直接工」とは、「機械工」「組立工」など直接的な作業に従事する作業員のことで、それ以外の間接作業にあたる「間接工」の分の労務費は間接労務費になります。

次に、直接工といえども全労働時間を製品製造にあてているわけではないので、勤務時間から休憩時間や作業の手待ちの時間、間接的な作業に従事した時間を除きます。残ったのが、直接労務費の計算に使う「直接作業時間」です。

◆――「賃率」を求めてかけた額が直接労務費、それ以外が間接労務費

直接労務費を計算するには、この直接作業時間に時間あたりの労務費をかければよいわけです。そこで、1時間当たり、または数量1単位当たりの労務費の金額として「賃率」というものを求めます。

「率」という名前が付いていますが、これは金額――この例では1時間当たりの労務費の金額です。賃率の求め方もいくつかありますが、一般によく使われるのは「予定平均賃率」というもので、製造現場の作業員全体の予定賃金を予定作業時間で割った額です。

左の図のように、**直接作業時間にこの賃率をかけると直接労務費が計算できます**。賃金・雑給のそれ以外の部分は間接労務費となり、これですべての労務費を直接労務費と間接労務費に分けることができました。

「賃率」から直接労務費を計算する

直接労務費 ＝ 直接作業時間 × 賃率

賃率とは？

- 賃率
  - 個別賃率
    - 実際個別賃率
    - 予定個別賃率
  - 平均賃率
    - 実際平均賃率
    - 予定平均賃率

$$\text{予定平均賃率} = \frac{\text{現場作業員全体の予定賃金}}{\text{現場作業員全体の予定作業時間}}$$

POINT

直接的な作業に従事した時間に賃率をかけた金額が「直接労務費」になる

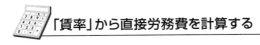

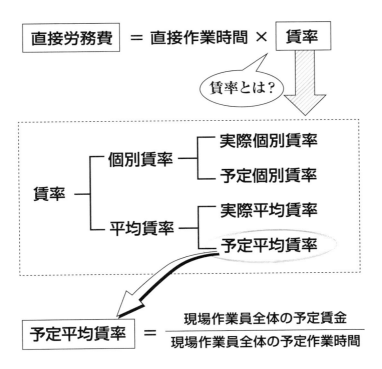

9 「経費」とは要するにどういう原価か？

身近な「旅費交通費」から、工場全体に関わる「減価償却費」まで含まれる

◆「経費」は雑多な費用の集まり？

原価の第3の要素である「経費」には、労務費以上にさまざまな費用が含まれます。

製品製造に直結したところでは「外注加工費」「設計費」、工場全体に関わるものでは「減価償却費」「賃借料」「保険料」、燃料費に近い「電力料」「水道料」から、営業費と間違えそうな「旅費交通費」「通信費」まであり、雑多な費用の集まりに見えます。

◆材料費・労務費以外の原価はすべて経費

これはなぜかというと、製造原価としての経費が「材料費、労務費以外の原価要素」と定義されているからです。

製品製造にかかった費用は、残らず原価の計算に集計しなくてはなりません。原価の3要素でいえば材料費・労務費に分類できないものも、どこかに集計しておく必要があります。それらがすべて「経費」になるので、一見、雑多な費用の集まりに見えてしまうのです。

「経費」とは要するにどんなもの？

経費とは……

「材料費、労務費以外の原価要素」

たとえば

外注加工費、設計費、減価償却費、賃借料、保険料、修繕料、電力料、ガス代、水道料、租税公課、保管料、棚卸減耗費、通信費、旅費交通費、福利施設負担額、厚生費、雑費
など

POINT

材料費、労務費に分類できない原価は、すべて「経費」になる

10 経費は4つの計算方法に分類できる

支払経費、月割経費、測定経費、発生経費の違いとは?

◆——雑多な経費をどう分類する?

経費は雑多な集まりに見えますが、どのようにして経費の発生額や消費量をつかみ、計算するかによって左の図の4つに分類できます。

この分類の名前は、それぞれの経費の計算方法をあらわしています。つまり、たとえば「月割経費」であれば、1年間の発生額を月割りして12等分した額が1カ月の経費になる、といった具合です。では、それぞれについて簡単に見ておきましょう。

①支払経費

経費は、実際の発生額を原価として計算するのが原則です。そこで、実際に支払った額がわかるものは、その額を経費とするのが基本になります。このようにして発生額をつかむものを「支払経費」といいます。

さまざまな経費を、計算方法で分類すると？

経費

- **支払経費**
  外注加工費、福利費、修繕料、保管料、支払運賃、旅費交通費、通信費　など
- **月割経費**
  減価償却費、保険料、賃借料、特許権使用料、租税公課　など
- **測定経費**
  電力料、ガス代、水道料　など
- **発生経費**
  棚卸減耗費　など

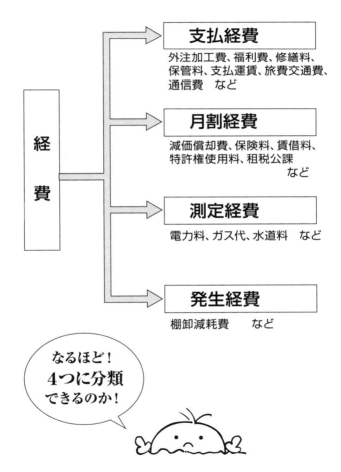

②月割経費

同じく支払額がわかる費用でも、減価償却費や不動産賃借料などは1年分や数カ月分を一度に支払うのが普通ですね。

このような場合は、月割り計算をするので「月割経費」といいます。

③測定経費

電力料、ガス代、水道料などは、メーターで使用量を正確に測ることができます。このような経費は、その実際の消費量をもとに計算する「測定経費」です。

④発生経費

材料などの実際の数量が帳簿上の記録より少なかった場合などは、「棚卸減耗費」という費用が発生したものとして差額を処理します。これは支払いを伴わない、計算上で発生する費用なので「発生経費」と呼びます。

◆——経費にも「直接経費」と「間接経費」がある

以上のような経費もまた、「直接経費」と「間接経費」に分類する必要があります。そして、**間接経費と他の2要素の間接費を合わせて「製造間接費」と呼びます。**

3要素の間接費をまとめて「製造間接費」に

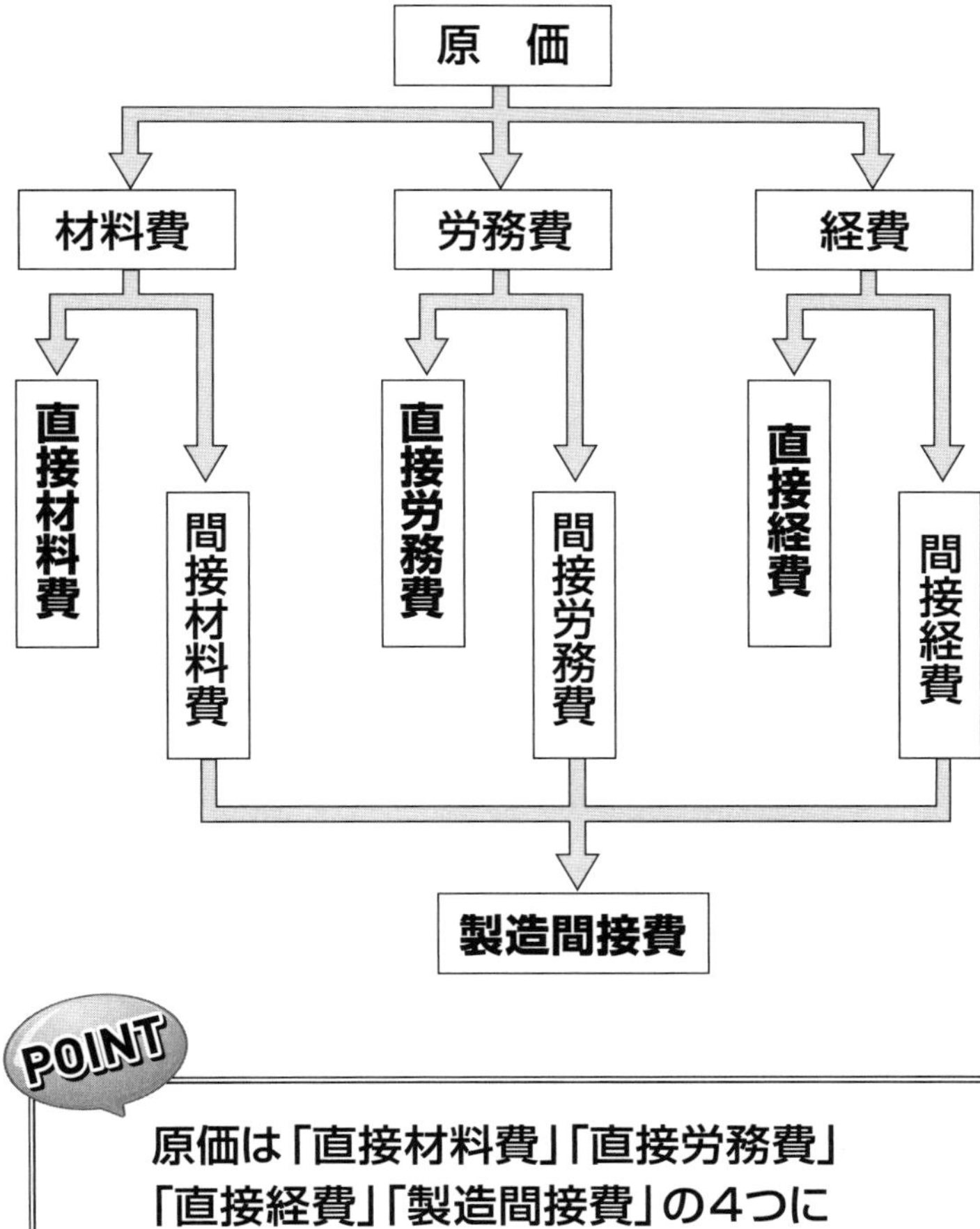

POINT

原価は「直接材料費」「直接労務費」「直接経費」「製造間接費」の4つにまとめられる

つまり、間接経費と間接材料費・間接労務費を合わせたものが製造間接費です。間接費は、いずれ合算して製品ごとに振り分けられるので、ここで製造間接費としてまとめても計算上の支障はないのです。

そこで直接経費と間接経費の分類ですが、前にも触れたように（→P78）、経費は間接費になるものがほとんどです。しかし、直接費がないわけではありません。たとえば、特定の製品のための外注加工費、設計費、特許権使用料などは直接経費になります。

第4章

正しい「原価」と利益の計算方法

原価の計算の方法をもう少し具体的に見てみよう！

1 原価計算にはルールと手順がある

まず費目別に分類し、次に部門別、最後に製品別に

正しい原価の計算のやり方――それが「原価計算」です。この章では原価計算の内容を見ていきましょう。

原価計算には、「面倒な分類や集計を何度も重ねる複雑なシステム」というイメージがあります。実際、第3章で見た原価の分類だけでもけっこう細かくて、頭が痛くなるかもしれませんね。

そこで具体的な説明に入る前に、**原価計算のポイントを3つ押さえておきましょう**。これらを押さえておけば、途中どんなに混乱しても最後には製品の原価にたどりつけます。

◆――「製品単位」に計算する

第1のポイントは、原価計算は、最終的には「製品単位」に原価を集計するという点です。つまり、**会社や事業部、工場の製造原価総額ではなく、最後は特定の製品の原価をいくらと計算する**のです。

そのために、原価を集計する製品単位を決めます。普通は製品1個ですが、10個や1ダース、業種によっては1時間、1キログラムなどとすることもあります。これを「原価単位」といい、原価単位に集計された原価の額を「単位原価」といいます。

原価計算は、このポイントをまず押さえよう

ポイント1

「製品単位」に計算する

例 製品1個 ←──「原価単位」

製品1個当たりの原価 ←──「単位原価」

ポイント2

期間を区切って計算する

ポイント3

費目別→部門別→製品別に計算する

⇩

これは原価計算の**基本ルール**でもある

ここを押さえて
おけば、
後は大丈夫！

◆——1カ月を期間として計算する

第2のポイントとしては、期間を区切って計算することがあげられます。

原価は時々刻々変化するものです。いつ計算しても同じというわけにはいきません。そこで、計算にあたって「原価計算期間」を決め、その期間に製造した製品について原価を計算します。

この原価計算期間は、通常、暦の1カ月——月初めの1日から末日までです。

◆——3段階に分けて計算する

原価計算の手順を大ぐくりにまとめてみると、左の図の3段階になります。

まず、製造原価の費目ごとに分類し、次にそれを製造部門ごとにまとめます。最後に製品ごとの集計を行なえば、製品別の原価が算出されて完了、というわけです。

この計算手順は、ある程度の量を連続的に生産する普通の製品なら共通です。後の話の理解にも役立つので、ぜひここで覚えておいてください。

これが第3のポイントです。

原価計算は、この手順で！

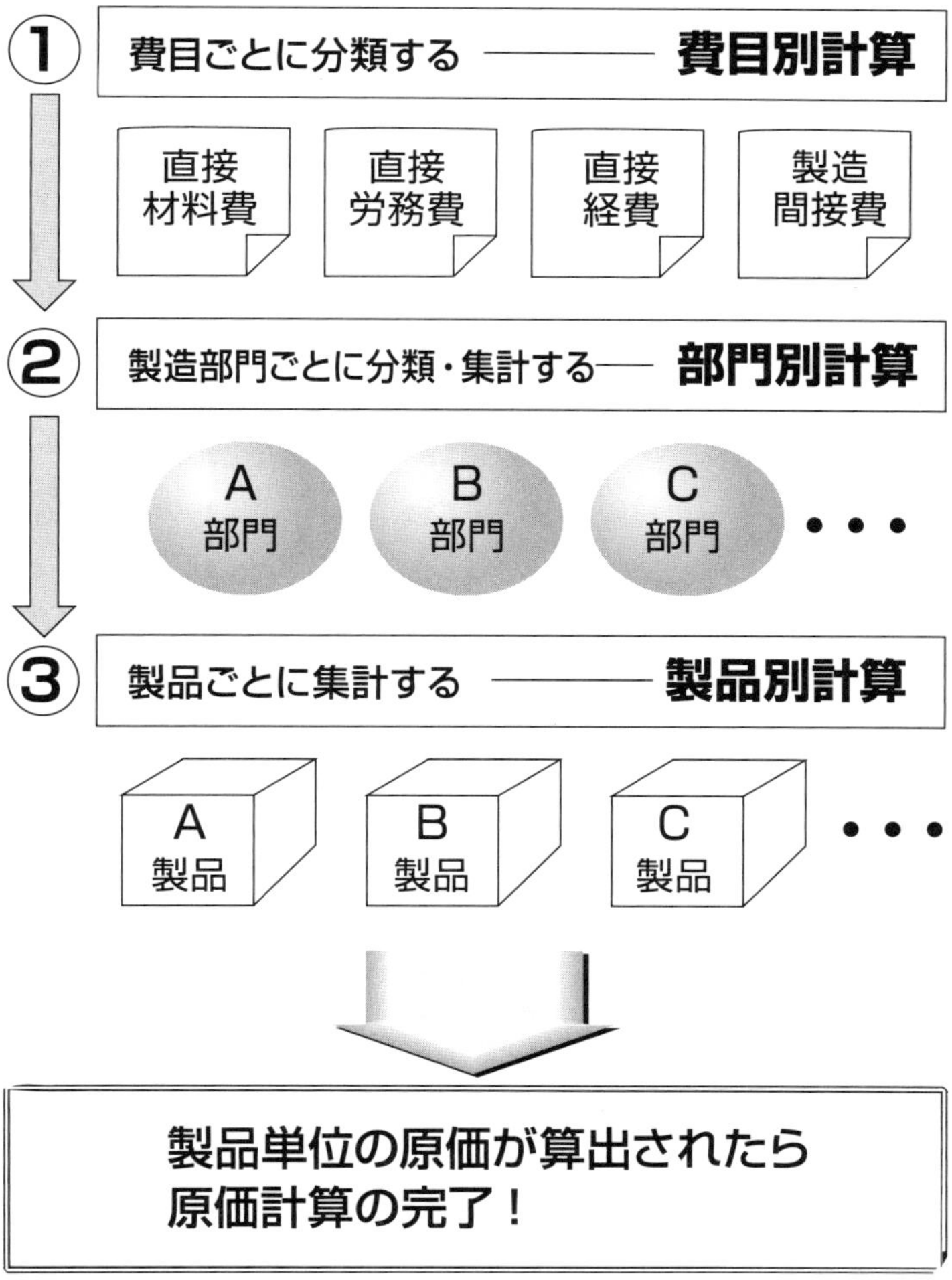

①
費目ごとに分類する
費目別計算
直接材料費
直接労務費
直接経費
製造間接費
②
製造部門ごとに分類・集計する
部門別計算
A部門
B部門
C部門
・・・
③
製品ごとに集計する
製品別計算
A製品
B製品
C製品
・・・
製品単位の原価が算出されたら
原価計算の完了！

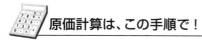

2 原価を分類する「費目別計算」とは?

原価の3要素を基本にした分類が、原価計算の第1段階になる

一定期間の原価を分類して集計する

原価計算の第1段階「費目別計算」とは、要するに一定期間(通常は1カ月)の原価を分類して集計することです。つまり、**第3章で見たようないろいろな分類がそのまま、原価計算の第1段階になるわけですね。**

具体的には、原価の3要素――材料費・労務費・経費の分類を基本とし、これを直接費と間接費に分類します。さらに、原価が使われた目的(↓P74)も加味して分類します。そうすると、原価の要素はたとえば左の図にあるような費目に分類されることになります。

財務会計の費用計算が、要するに「費目別計算」

この費目の分類は、会社の経理が行なう一般的な費用の処理と同じものです。つまり、財務会計(↓P90)の費用計算が、同時に原価計算の第1段階「費目別計算」になるのです。

「費目別計算」の分類とは？

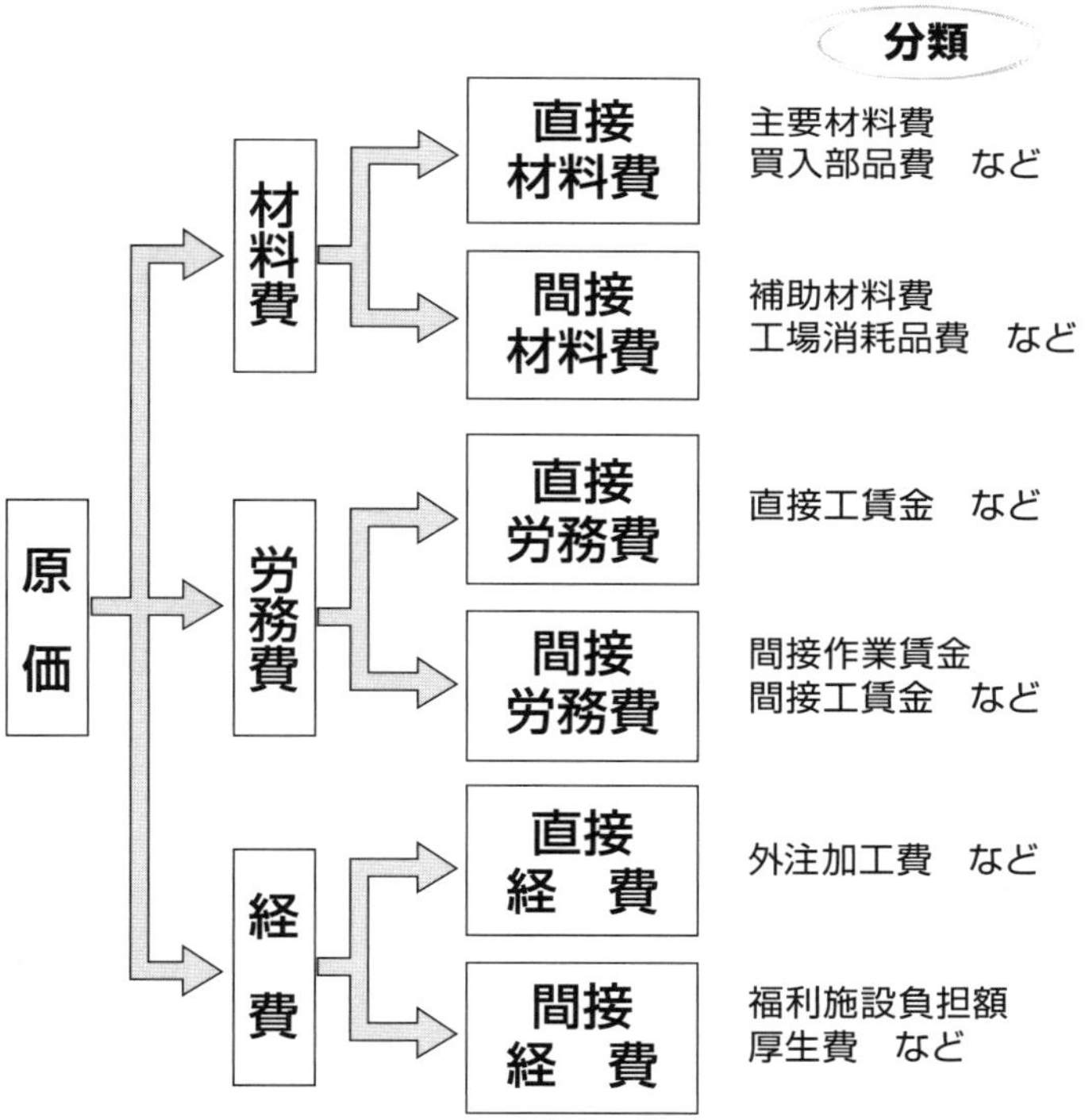

POINT

要するに、経理の人が行なう財務会計の費用計算が、原価計算の第1ステップ「費目別計算」となっている

3 製造間接費を振り分ける「部門別計算」とは？

第2段階では「原価部門」別に原価を分類する

◆──なぜ「部門別計算」が必要なのか？

費目別計算の次、製品別計算の前に、原価計算の第2段階「部門別計算」を行ないます。これは、原価を部門別に集計して原価管理の責任を追及するため……ではありません。最も重要な目的は、**原価の中にある間接費を適切に処理すること**なのです。

間接費は、どの製品の原価なのかが区分しにくいため、費目別計算の段階では「製造間接費」としてまとめられています。これを振り分けるために、部門別計算を行なうわけです。

◆──分類のための「原価部門」とは？

こうした目的のための「部門別計算」なので、**原価計算上の部門は「原価部門」とか「コストセンター」と呼んで、必ずしも会社の組織上の部署とは一致しません。**

原価部門は、左の図のように大きく「製造部門」と「補助部門」に分けられます。

間接費分類(部門別計算)のための「部門」とは?

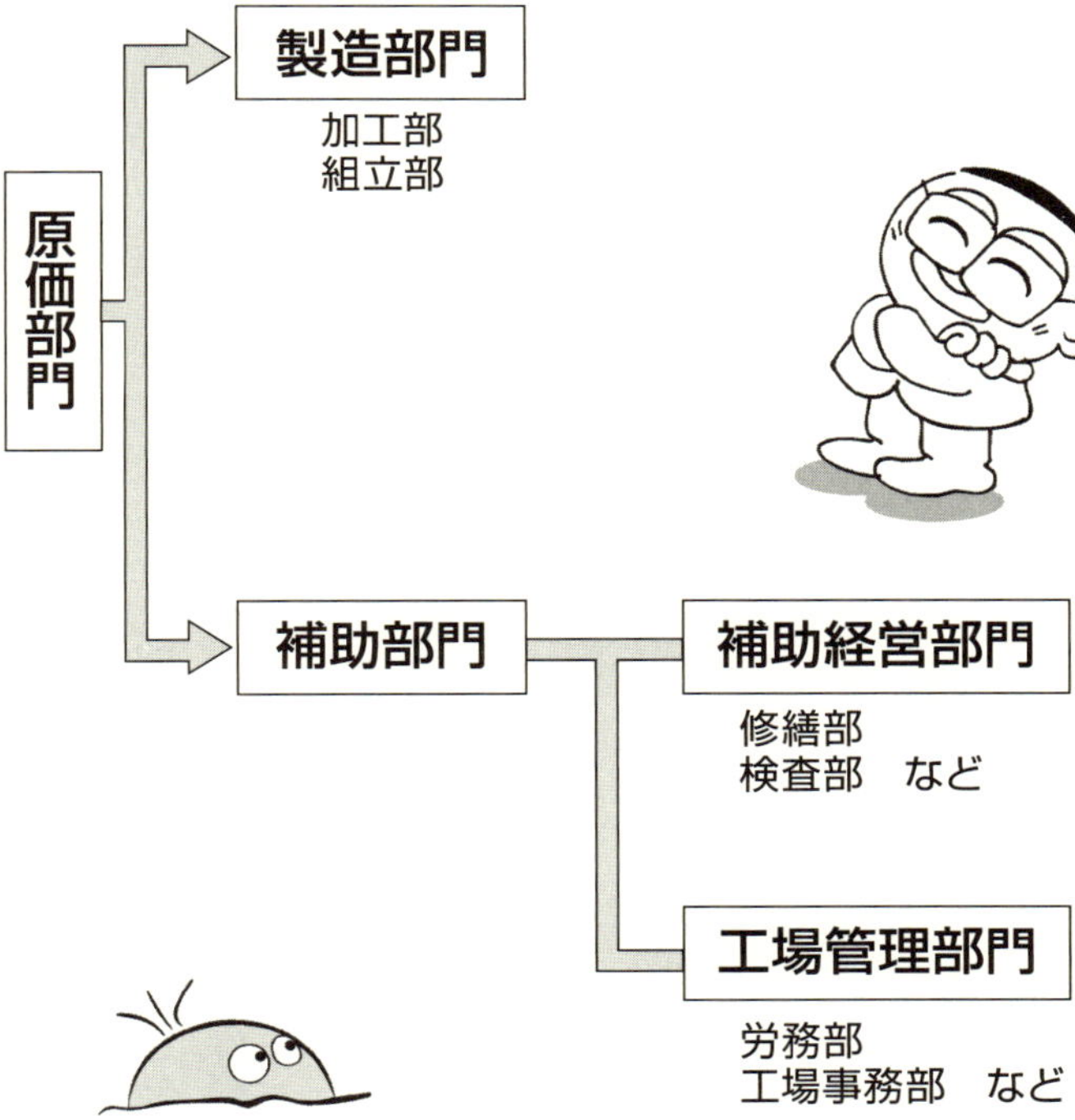

POINT

間接費を振り分けるため、このように設定する。原価計算上の部門は、必ずしも会社の“部署”と一致しない

製造部門は、その名のとおり製造を行なう部門で、会社によって加工部とか組立部に分かれています。

一方、**補助部門**は製造部門の補助的な仕事をするところです。修繕・検査などの補助的作業を行なう**「補助経営部門」**と、労務・工場事務などの**「工場管理部門」**に分かれます。

◆──製造部門の部門個別費は「賦課」し、それ以外は「配賦」する

費目別に分類された原価には、実は特定の1つの製造部門で発生した原価と、2つ以上の部門にまたがって発生した原価が交じっています。そこでまず、左の図のように**原価部門の区分にしたがって、原価を「部門個別費」と「部門共通費」に分けます**。

特定の部門で発生したと直接つかめるのが「部門個別費」、区分がむずかしいのが「部門共通費」です。

製造部門の部門個別費は発生した部門がわかるので、直接割り当てることができます。このように、**原価を直接割り当てることを「賦課（ふか）」といいます**。

一方、残りの部門共通費と、補助部門の部門個別費である「補助部門費」は、何らかの方法で各製造部門に振り分ける必要があります。このような**原価の振り分けは「配賦（はいふ）」といいます**（↓次項）。

「部門別計算」では、このように分類する

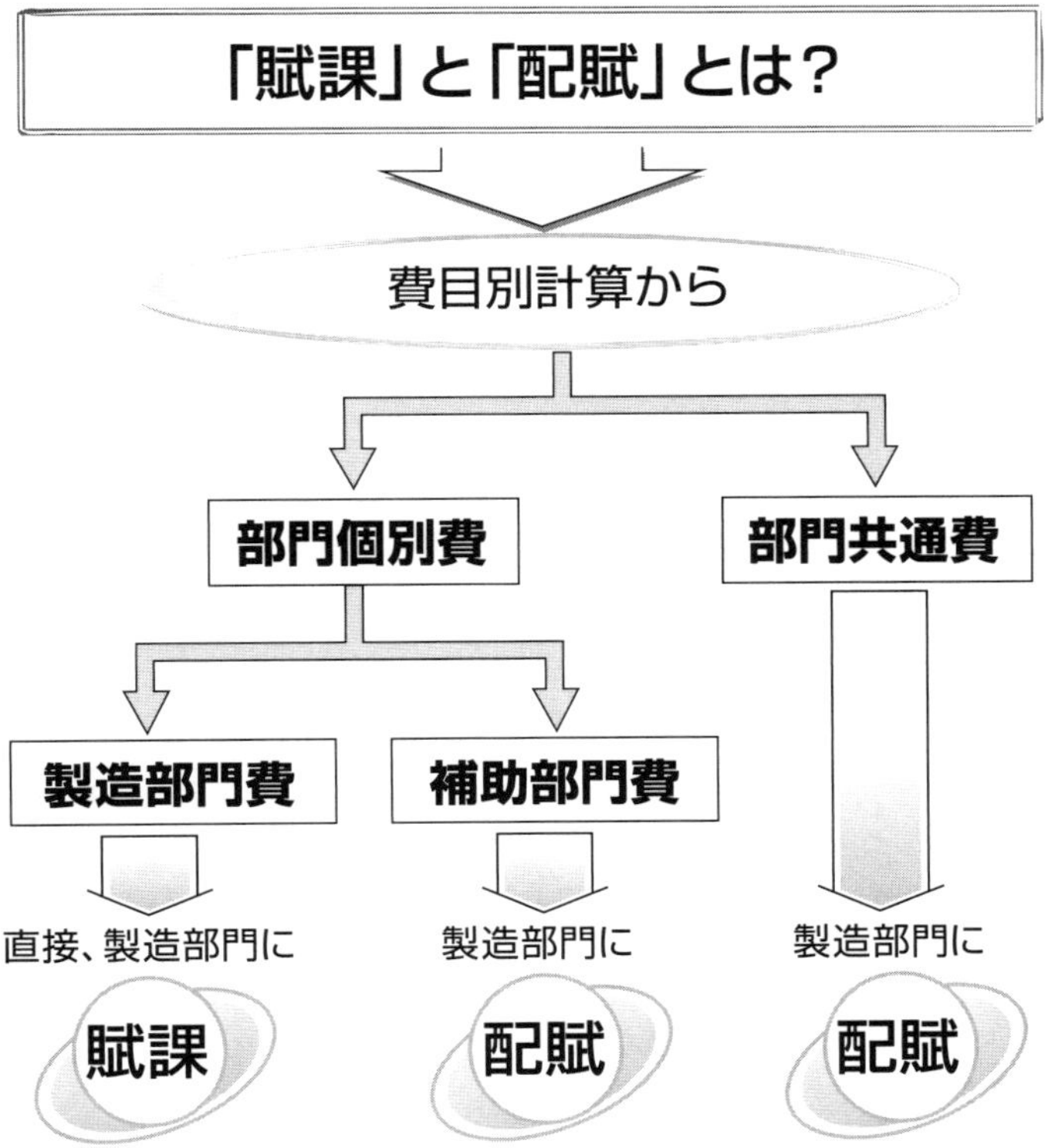

POINT

原価を直接割り当てるのが「賦課」、
何らかの方法で振り分けるのが「配賦」

4 間接費を3つの配賦法と配賦基準で振り分ける

⬇補助部門同士のサービスを、どう計算するかによって配賦法が変わる

部門共通費の配賦は、配賦基準で問題ないのですが（↓P80）、補助部門費の配賦にはちょっと単純にはいかない部分があります。

というのは、補助部門は他の部門にサービスを提供するのが仕事ですが、補助部門同士でもサービスを提供し合っています。**その分をどうするか、決めておかないと補助部門費の配賦ができない**のです。

そこで、左の図の3つの配賦法が使われます。

まず、補助部門同士のサービスは無視することにして、製造部門だけに配賦する方法があります。これを「**直接配賦法**」といい、計算が簡単なので最も多く採用されています。

次に、補助部門に順位を付けて、それに応じて製造部門に配賦する方法があります。この方法では、計算表がハシゴ状になるので「**階梯（かいてい）式配賦法**」と呼ばれます。

最後に、製造部門・補助部門を区別しないで配賦する方法があります。**「相互配賦法」**では、補助部門も他の補助部門の補助部門費を振り分けられ、相互に配賦します。

補助部門費は、3つの配賦法で分けられる

補助部門費

↓

直接配賦法

or

階梯式配賦法

or

相互配賦法

POINT

この3つの配賦法のいずれかによって、適当な配賦基準で各部門に分けられる

5 製品の原価を出す「製品別計算」とは？

直接費を賦課し製造部門費を配賦して製品ごとに計算する

◆──「製品別計算」では何を計算するか？

原価計算の最終段階は「製品別計算」です。費目別・部門別と集計されてきた原価を、各製造部門で生産された製品に割り振りし、製品の製造原価を計算します。

そこでまず、左の図を見てください。**費目別計算で、原価は直接材料費・直接労務費・直接経費、それに製造間接費に分類されています。**

このうち、直接費の３つは集計する製品が決まっているので、製品別計算でも問題はありません。それぞれの製品に直接「賦課」（→P136）することができます。

一方、製造間接費のほうはというと、部門別計算の段階で補助部門費が製造部門に「配賦」（→P136）され、製造部門費にまとめられています。

つまり、どの製造部門の原価かが決まっているだけで、どの製品の原価をいくらとするかはまだ決まっていません。**この製造部門費の配賦が、製品別計算のポイント**になります。

第3段階が「製品別計算」になる

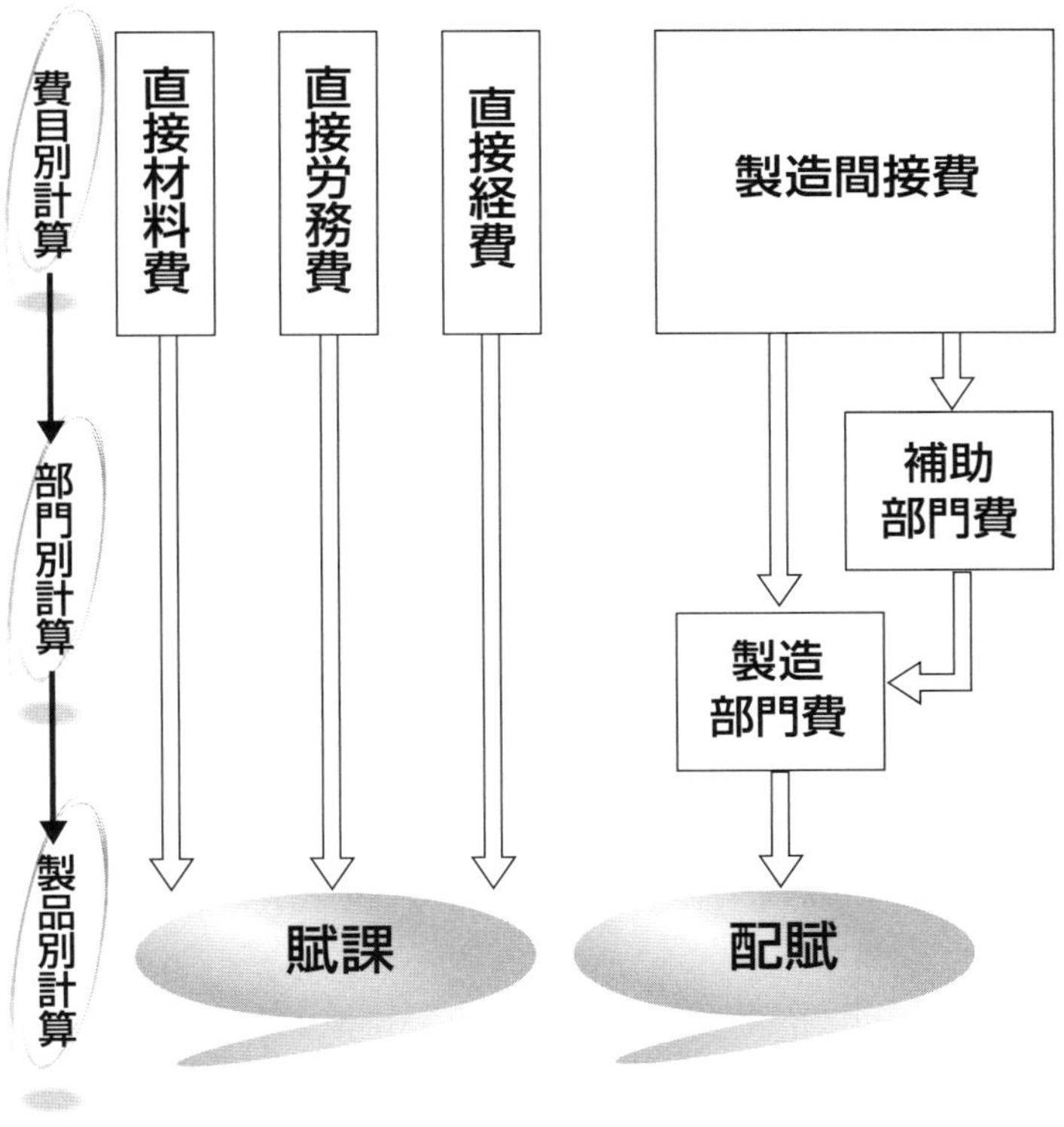

POINT

製品別計算では直接費を賦課し、製造部門費を製品ごとに配賦する

◆――製造部門費を製品ごとに配賦するには？

製品ごとに配賦するには、やはり配賦基準が必要ですね。製造部門費の配賦基準は、大きく分けて左の図の**「金額基準」**と**「物量基準」**があります。

たとえば、**金額基準の「素価（そか）法」を例に配賦のしくみを見てみましょう**。まず、ここまでの計算ですでにわかっている、製品ごとの直接材料費と直接労務費の合計を計算します。これが「素価」です。

次に、各製品の素価の比率を計算します。たとえば、A製品が10％、B製品が15％という具合に、全体に対するパーセンテージを出すわけです。

このパーセンテージを製造部門費にかけて、それを配賦額とするのです。

素価の代わりに直接材料費で計算すると「直接材料費法」、**直接労務費だと「直接労務費法」**になります。

また、物量基準としては、単純に生産した製品数量の比で配賦する「製品数量法」、あるいは製品重量で配賦する「重量法」などがあります。

製品によっては、直接工の直接作業時間（↓P116）の比率をとる「直接作業時間法」や、機械運転時間を測ってその比率をとる「機械運転時間法」なども使われます。

製造部門費を製品ごとに分ける「配賦基準」の例

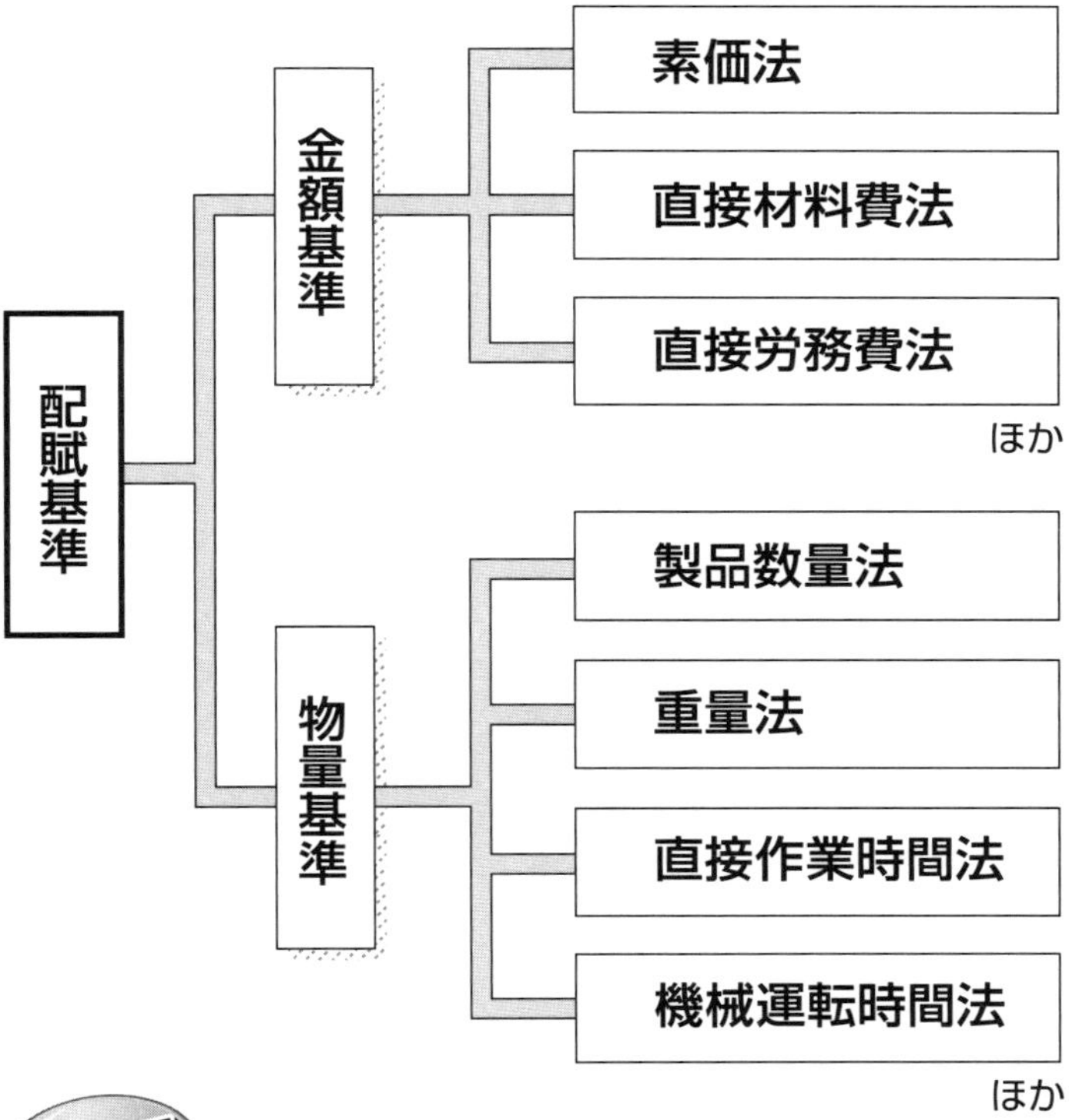

POINT

金額基準は金額の比率、物量基準は量の比率を計算して製造部門費にかけると、配賦額になる

6 製品の「単位原価」を計算しよう

完成品の原価を数量で割れば単位原価が計算できるが……

◆──製造途中の「仕掛品」はどうする？

前項で製造部門費を製品に配賦して、さてこれで製品別計算が終わったかというと、まだ肝心な計算が残っています。

この章の最初のほう（↓P128）で述べた、原価計算のポイントを思い出してください。**原価計算はたとえばA製品1個あたり原価いくらと、最後に特定の製品の原価単位当たりの原価──「単位原価」を計算する**のです。

といっても、1個いくらを計算するのは常識的に考えてもむずかしくはありません。左の図のように完成品の原価を完成品の数量で割れば、単位原価が計算できます。

ところがここに、落とし穴がひとつあるのです。それは、原価計算を行なう時点で製造ラインに残っている製造途中の製品、「仕掛（しかかり）品」の存在です。仕掛品の分は、原価計算から除くのか、含めるのか。含めるとしたらどのように計算したらよいのか……。

完成品の原価を数量で割れば「単位原価」が計算できるが……

完成品原価 ÷ 完成品数量 = 単位原価

これが原価計算のゴールだが……

実は「仕掛品」の問題が残っている

仕掛品の分は、
原価計算から除くのか、
含めるのか……
!?

◆――仕掛品の分を加減して「完成品」原価を求めるには？

仕掛品の原価を考えるために、別の側面から製品別計算を見てみましょう。

実際の原価計算では、計算のために原価計算期間（↓P130）ごとに「原価計算表」というものを作成して「当期製造費用」を集計します。このとき仕掛品の進捗度を見るために、材料費とその他の「加工費」（↓巻末）を分けて計算します。

ただ、原価計算期間というのは、いわば強制的に期間を区切っているものなので、当月初めには前月の仕掛品が製造ラインに残り、当月終わりには当月の仕掛品が残ってしまいます。そこでまず、月初に仕掛品の棚卸（↓P58）をして「期首仕掛品原価」を求め、「当期製造費用」に加えます。

これが「総製造費用」で、ここに月初の仕掛品の原価が含まれます。

ただ、これだけでは月末に残っている仕掛品の問題が解決しません。そこで、月末にも棚卸をして「期末仕掛品原価」を求め、総製造費用から除きます。

こうして残ったのが「完成品原価」となり、完成品数量で割れば正しい「単位原価」が計算できるというわけです。

ちなみに、月末の棚卸で求めた「期末仕掛品原価」は、そのまま次月の「期首仕掛品原価」になるので、1カ月に2度棚卸をする必要はありません。
以上をまとめてみると、左の図のようになります。

仕掛品分を加減し、正しい「単位原価」を計算する

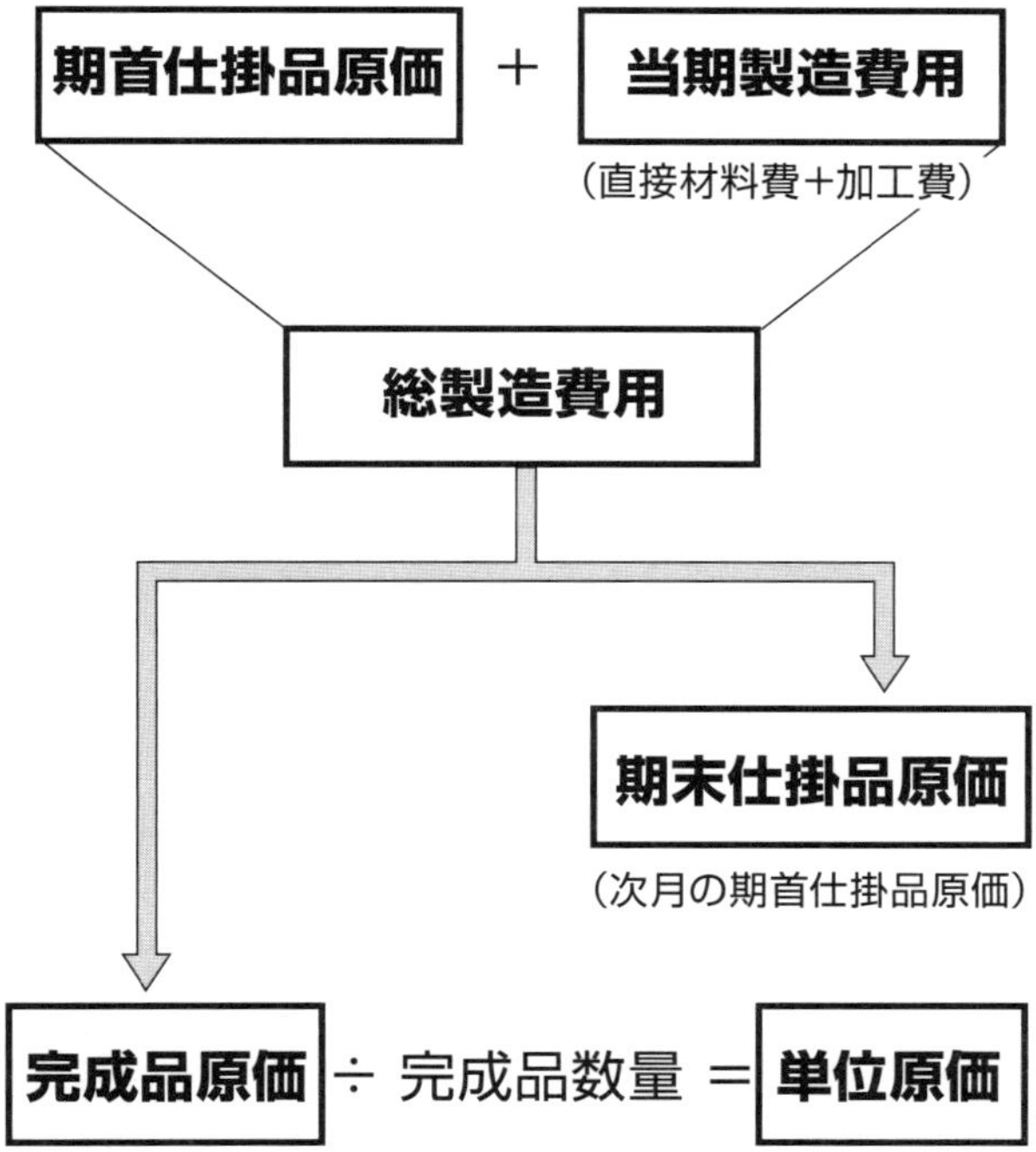

POINT

要するに、月初めの仕掛品原価を加えて月末の仕掛品原価を除いてから計算する

7 製造途中の「仕掛品」はどう計算するか?

仕掛品の計算は原価計算最後のポイント

◆――仕掛品原価イコール完成品原価ではない

前項の説明を読んで、勘のいい方は気づかれたかもしれませんが、実は説明が不足している部分があります。**棚卸をして仕掛品原価を求めるといっても、製造途中の仕掛品を完成品と同じ原価にしてよいものでしょうか。**

細かいようですが、仕掛品を適当に計算すると、単位原価も適当になってしまいます。おろそかにはできません。

◆――〝仕上がり程度〟で「完成品換算量」に置き換える

そこで、左の図を見てください。仕掛品原価のうち材料費は、総製造費用を完成品と仕掛品の数量で按分すれば問題ありません。

しかし、加工費まで数量で分けるのには問題があります。加工がすんでいない仕掛品と、加工が完了した完成品に、同じ加工費をかけることになるからです。

完成品と仕掛品の原価は、こう分ける

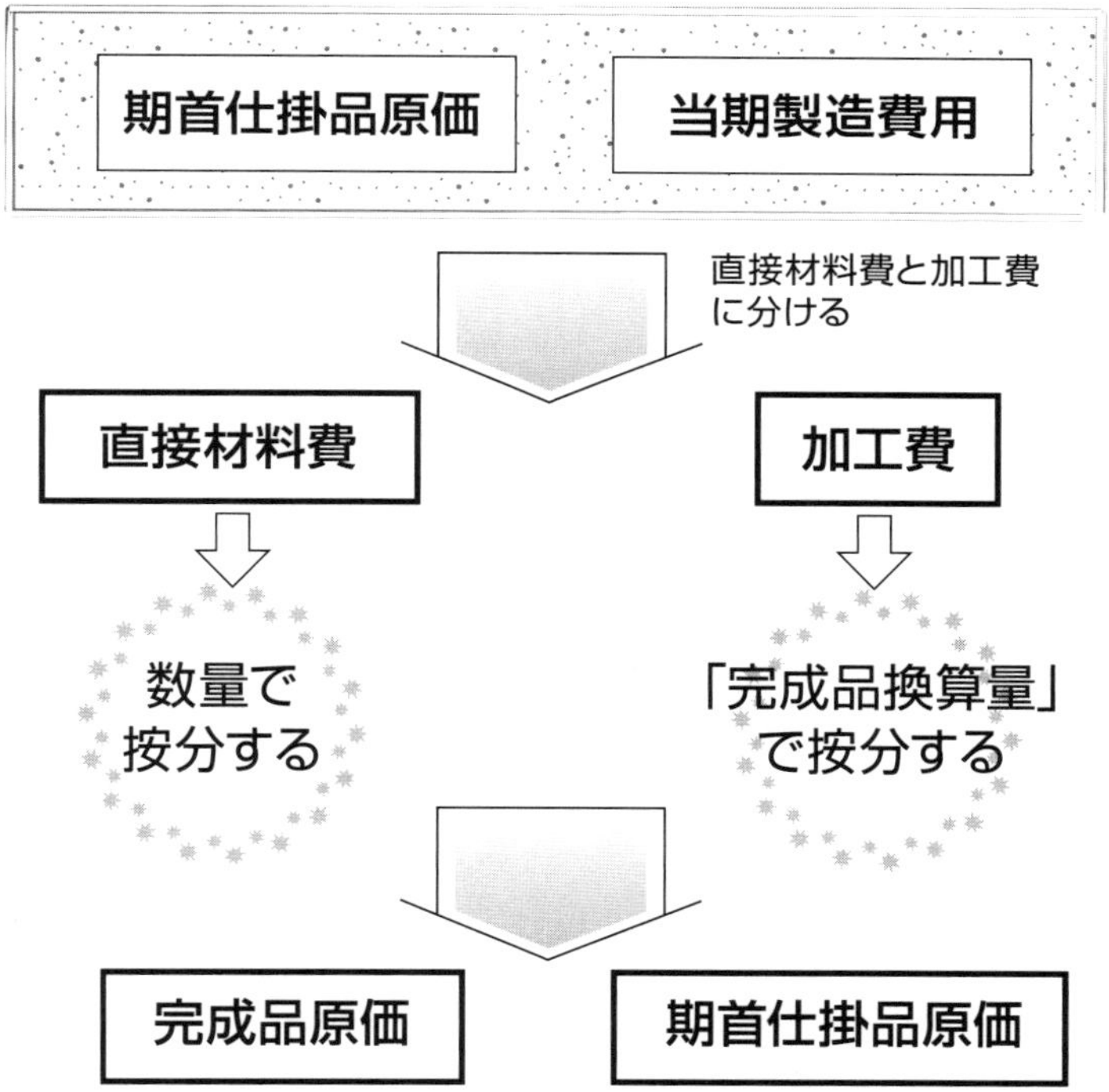

POINT

材料費は数量で按分。加工費は「完成品換算量」（仕掛品の仕上がり程度）で按分。これで完成品と仕掛品の原価を計算する

この問題を解決するためには、仕掛品の〝仕上がり程度〟を計ります。「加工進捗度」というもので、要するに加工の進み具合を「%」であらわしたものです。材料の状態なら0%、加工が進むにつれて進捗度が上がり、製品が完成すると100%になります。

そして、**この加工進捗度から仕掛品を「完成品換算量」に置き換えます。**たとえば、進捗度25%の仕掛品が4個あったら完成品換算量は1個、50%の仕掛品6個なら完成品換算量3個とするわけです。

この仕掛品の完成品換算量と完成品の数量で按分すれば、加工費もきちんと分けられたことになりますね。

◆——仕掛品を評価して完成品と仕掛品に分ける

以上で期首仕掛品の原価は計算できましたが、もうひとつ、期首仕掛品原価と当期製造費用のどちらが、期末仕掛品原価になっているのかという問題があります。**これを評価する方法としては「平均法」「先入先出法」「後入先出法」の3つが代表的**です。

材料の消費価格を計算するときに使ったのと同じ考え方で（→P104）、期首仕掛品原価と当期製造費用を、完成品原価と期末仕掛品原価に分けるわけです。

こうして仕掛品も適切に計算され、今度こそ正しい単位原価が計算されたことになります。

期末仕掛品は、こうして評価する

平均法

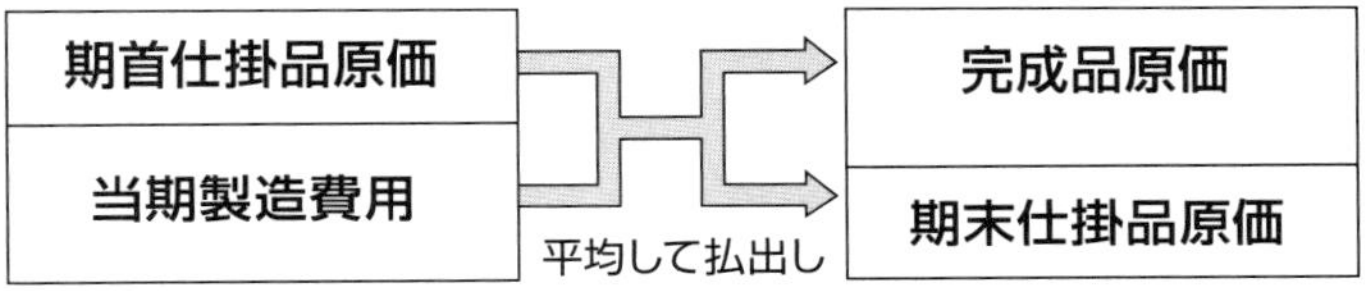

先入先出法

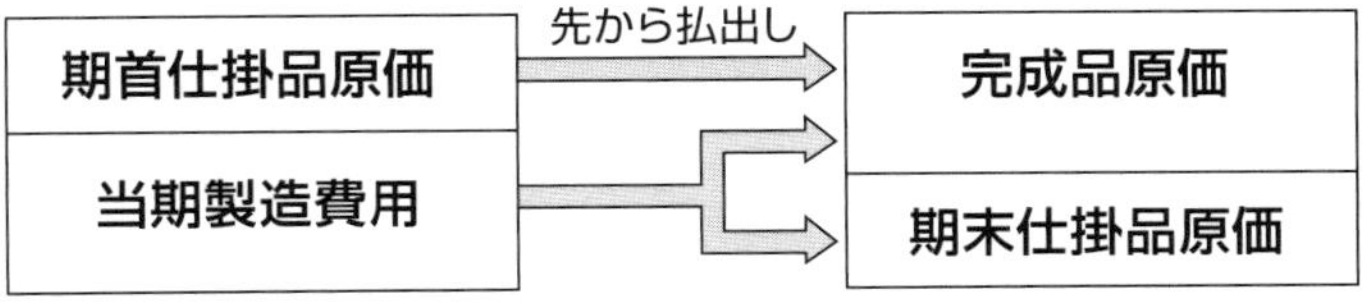

後入先出法

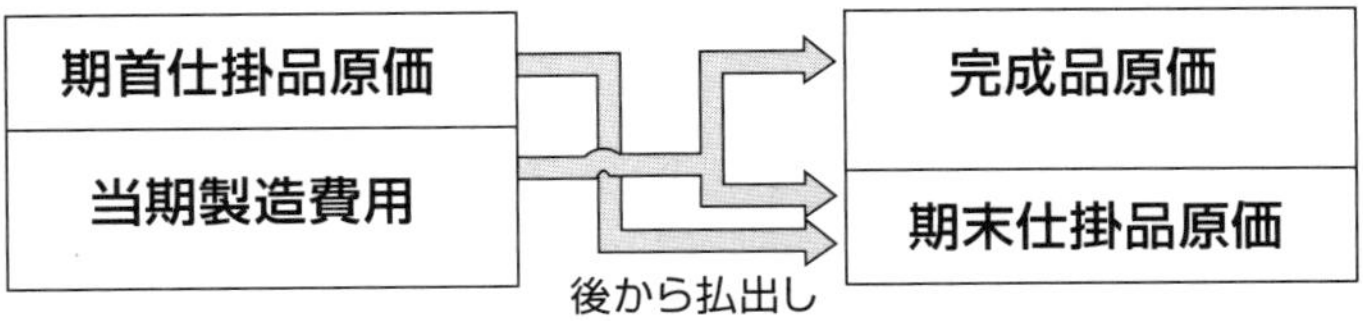

＊後入先出法は2010年以降廃止され、決算などには利用できません。

POINT

材料の消費価格の評価と同じ考え方（☞P104）で、期首仕掛品と当期製造費用を完成品原価と期末仕掛品原価に分ける

8 製品によっていろいろある製品別計算の方法

大きく分けると「総合原価計算」と「個別原価計算」がある

◆──総合原価計算は一般的、個別原価計算は注文生産向き

製品ごとの原価を計算する製品別計算の方法は、実はたったひとつではなく、いろいろなものがあります。

なぜいろいろかというと、**製造する製品の種類や形態、さらには製造工程の違いによって、製品別計算の方法も少しずつ違ってくるから**です。世の中に満ちあふれている製品と、それを製造するメーカーの多様さを、原価計算が反映しているということですね。

いろいろな製品別計算のうちでも、最も大きく異なるのは「総合原価計算」と「個別原価計算」の違いです。総合原価計算は、同じ種類の製品を連続的に生産する業種で使う方法で、ごく一般的なものです。

これに対して個別原価計算は、種類の違う製品を個別に生産する業種で用いられます。注文生産の場合で、造船・建設・機械製造などの業種が代表的でしょう（↓次項）。

製品別計算は、ひとつではない!?

総合原価計算	個別原価計算
同じ種類の製品を連続的に生産	違う種類の製品を個別に生産
↓	↓
一般的業種向き	注文生産向き

作る製品や会社の
業態によって、
計算方法が違うんだ！

◆——製品の種類や工程によって総合原価計算もいろいろある

一般的な製造業で使われる総合原価計算の中にも、いくつかの種類があります。

左の図のように、いずれも「原価計算」の名前が付いていますが、主に製品別計算の方法の違いです。

いちばん基本的なのは、1工場で1製品だけを生産する場合の「単純総合原価計算」ですが、中でもお酒など、同じ製造工程で違う等級づけの製品を作る場合は「等級別総合原価計算」が用いられます。

また、**複数の違う製品を、それぞれの工程（組）で製造している場合は「組別総合原価計算」**が使われます。電気部品製造や、什器備品製造などの業種で見られます。

反対に、1種類の製品を複数の工程で製造している場合が「工程別総合原価計算」で、化学工場や食品工場などの例があります。

複数の工程で製造していても、原料がすべて最初の工程で投入され、後は加工だけになるような場合は**「加工費工程別総合原価計算」**になります。

最後の「連産品」とは、ガソリンと灯油など、同じ工程の同じ原料から違う製品が作られるもののことです。

もっとも、以上の方法にぴったり適合する製造会社は現実には多くありません。そこで、実際には複数の計算を組み合わせた「組別工程別総合原価計算」などが採用されています。

総合原価計算にも、いろいろある

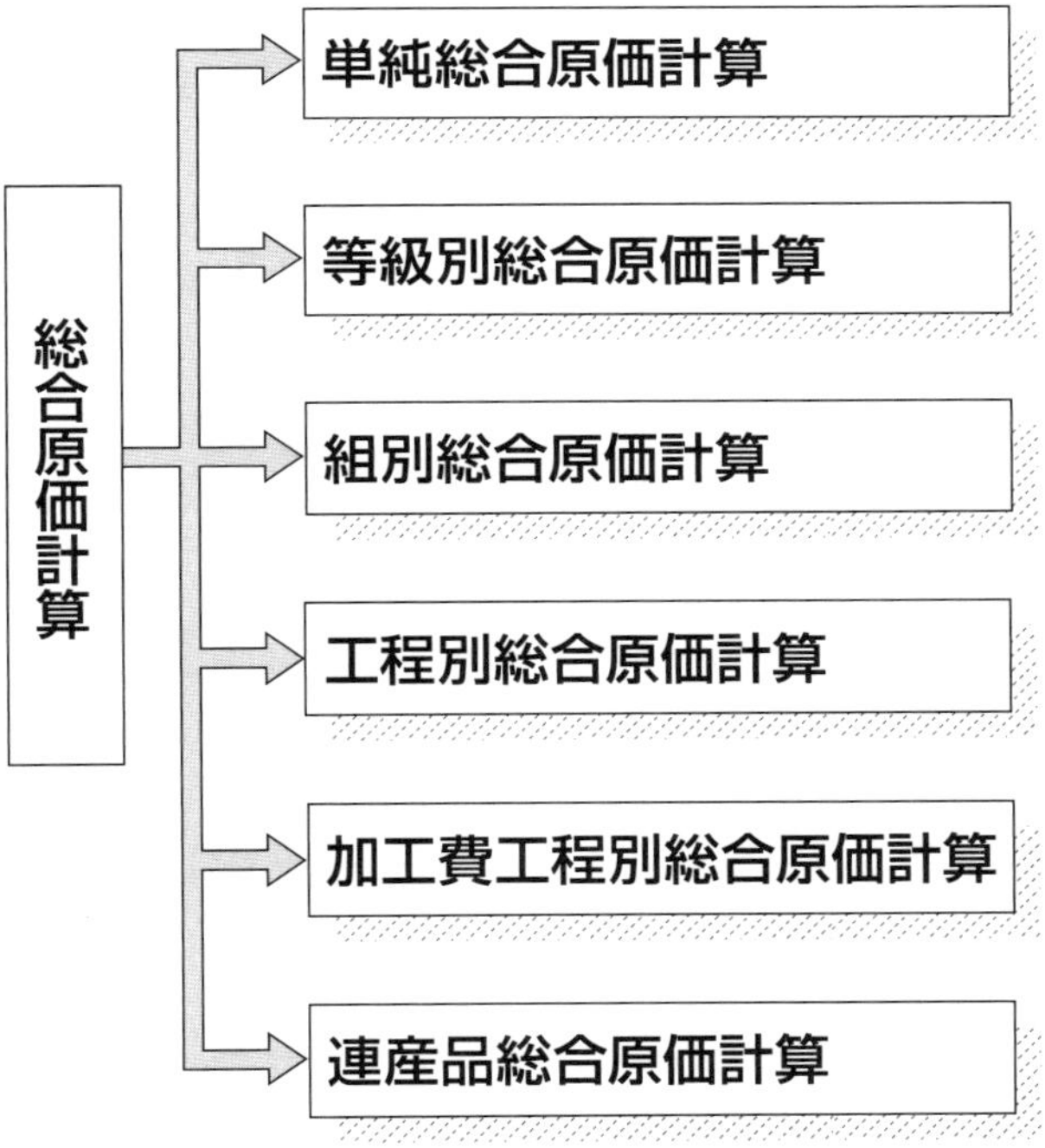

製品の種類・工程・形態の違いで、製品別計算の方法が違う

9 注文生産の会社では「個別原価計算」を行なう

製品ごとに「特定製造指図書」と原価計算表が用意される

◆——見込生産の総合原価計算、注文生産の個別原価計算

製品別計算に総合原価計算をとるか、個別原価計算をとるかの境目は、結局のところ会社のビジネスの仕方によります。

一般の会社は、需要を見込んで製品を製造する「見込生産」の形態をとっています。そのため、同じ種類の製品を連続的に生産することになり、量産品1個当たりの原価を計算する総合原価計算を採用しているわけです。

これに対して、造船・建設・機械製造などの業種は、注文を受けてから製造する「注文生産」です。この場合、注文によって製品が変わってくるので、原価も〝個別〟に計算するしかありませんね。

「個別原価計算」が必要になるのです。

注文生産では、なぜ「個別原価計算」なのか？

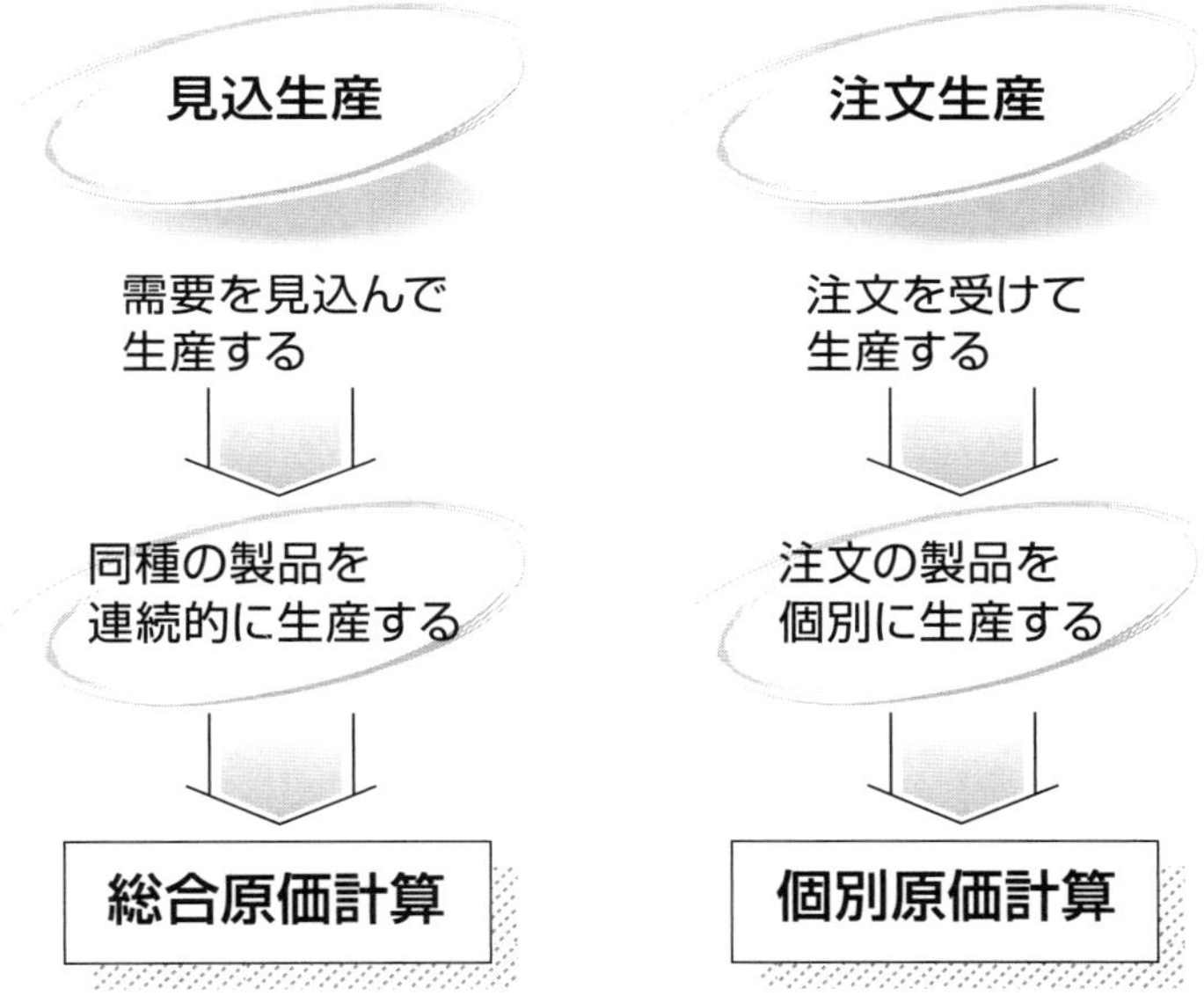

POINT

注文生産では注文によって製品が変わるので、原価も「個別」に計算する

◆原価は「特定製造指図書ナンバー」ごとに集計する

個別原価計算による製品別計算は、どちらかといえば総合原価計算よりわかりやすいと思います。

原価計算は、**注文を受けた段階の「特定製造指図（さしず）書」というものから始めます。これを発行するとき、「特定製造指図書ナンバー」を決めておき、ナンバーごとに原価を集計していくのです。**

一方では原価計算表が用意されますが、総合原価計算では月ごとなのに対して、個別原価計算では製品ごとに作成されます。

そして、直接費はそのつど（または定期的に）、製造間接費は定期的に配賦の計算をして原価計算表に記入していきます。

◆製品が完成したら原価を合計する

製品が完成したら、製造間接費の残りを計算して製品原価に振り替えます。そして、すべてを合計すると製造原価が計算できます。仕掛品（↓P148）はそもそもあり得ないので、その計算も必要ありません。

注文によって複数の製品を製造した場合は、最後に製造原価を製造した数量で割ります。

「個別原価計算」とは、このようなもの

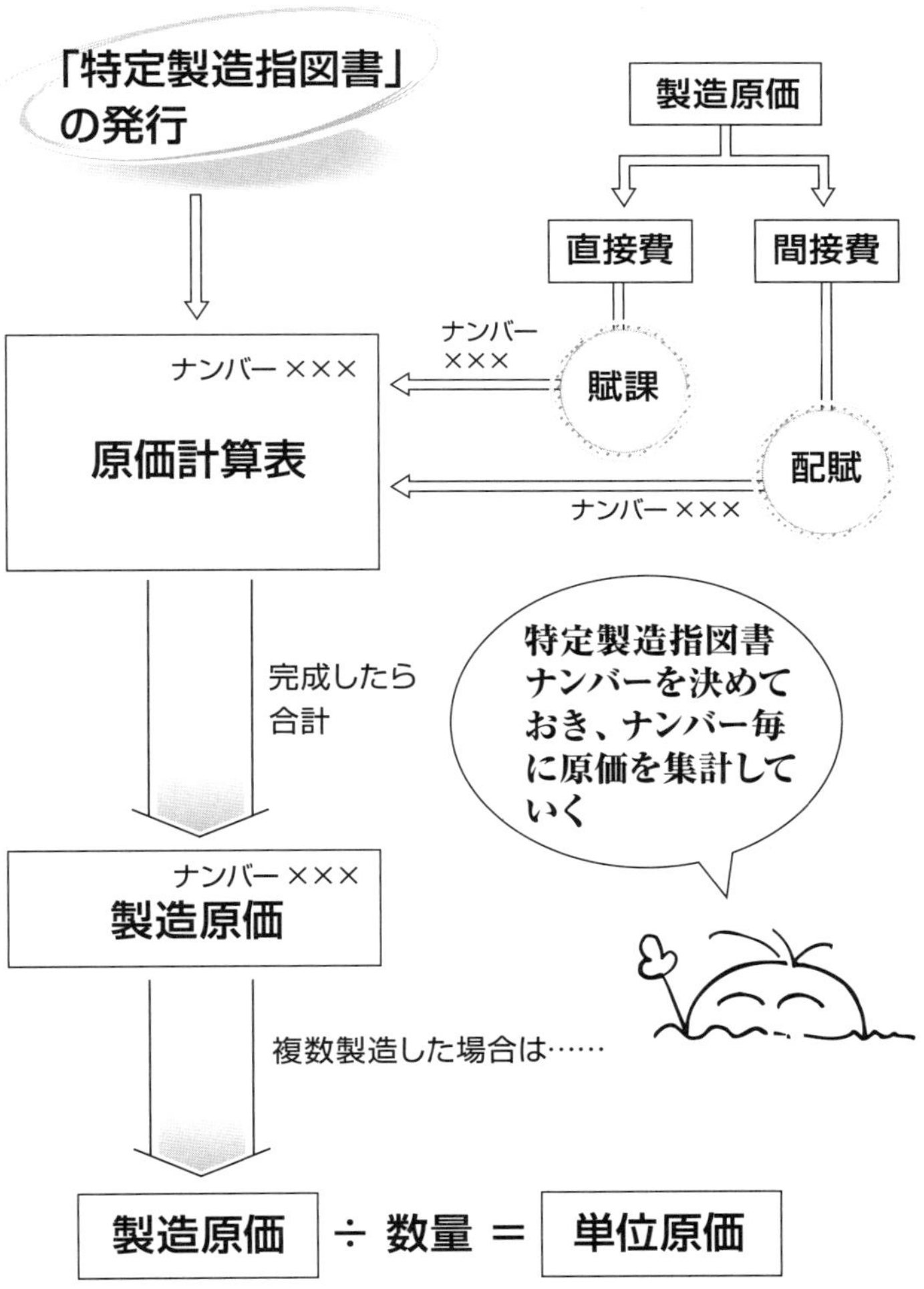

これで単位原価の計算も完了です。

こうして見ると、個別原価計算のほうが原価計算期間の区切りがない分、単純で理解しやすいということがわかります。

第5章

「原価」のしくみを知るとコストダウンできる

原価計算の考え方には、コストダウンにつながるノウハウがたくさんある。

1 つねにコストダウンの意識を持とう

関係する全員が意識を持てば、原価計算は強力なツールになる

◆――コストダウンの意識を磨くには総合的に考える

上手なコストダウンを考える場合、ある程度大きな効果を期待するのであれば「コストダウン設計」が必要になります。たとえば、製造工程が短くてすむようシンプルな構造にするとか、同じ品質でより安価な素材を探し出すといったことです。

そのためには製品開発の部署だけでなく、仕入れ、製造、営業といった部門すべてが必要な情報を提供し、開発部門の提案を持ち帰って検討するといった協力が重要になります。

こうした協力を可能にするには、関係するメンバー全員が原価とコストダウンの意識を強く持つことです。そうした意識は、ほうっておいて生まれるものではありません。

まず、「原価」というものに興味と関心を持つこと。そして、原価の「しくみ」を知ることです。ある程度しくみを理解したら、さらに今度は「数字」としてつかむことが重要になります。

自分の仕事や自社の原価、ひいては業界の原価を数字としてつかむと、より関心は深まり、しくみの理解も進むからです。この本では巻末に、中小企業庁の中小企業実態基本調査による業界ごとの原価の構造を掲げています（↓エピローグ）。ぜひ、業界の原価を数字としてつかむことに役立ててください。

◆――原価管理やコストダウンのためにも原価計算

一方、自分の仕事や自社の原価を数字としてつかむ際に、強力なツールとなるのも原価計算です。

実際原価計算（↓P82）もそうですが、それ以外の原価計算――**標準原価計算と直接原価計算はそもそも、原価をつかんだ上で原価管理に役立てること、そしてコストダウンにつなげることを目的にしています。**

このような原価計算は、第3章と第4章で見た実際原価計算とは異なり、「真実の原価」ではなく、より効率的な原価管理や、より利益があがる原価構成を追求するものです。

また近年では、販売、サービス、管理業務などのコストがつかめる原価計算として、ABCも普及しています（↓P186）。

この章では、こうしたさまざまな原価計算からコストダウンを考えてみることにします。

2 「標準原価計算」は原価を管理する原価計算

標準原価は原価の発生前に決めておき、実際と比較・分析する

これまで第3章と第4章で見てきた原価計算は、実際原価計算（→P82）によるものです。しかし、**実際原価は過去の実績ですから、極端なことをいえば、それだけでは将来のために役立ちません**。

実際原価を将来のために役立つデータとして生かすには、もうひとつ別の何かが必要なのです。そのひとつの方法が「**標準原価**」です。

◆——「原価差異」を分析して原価管理を行なう

標準原価というのは、一種の目標値として決めた原価のことです。実際の原価が発生する前に決めておき、実際原価が集計できた時点で両者を比較します。

この差を「**原価差異**」といいますが、これを詳しく分析することによって、製造原価の問題点がはっきりわかります。材料を高く買いすぎている、人手と時間をかけすぎている、電気やガスを使いすぎている……などなど、改善すべき問題点が具体的になるのです。

なぜ「標準原価計算」が必要なのか？

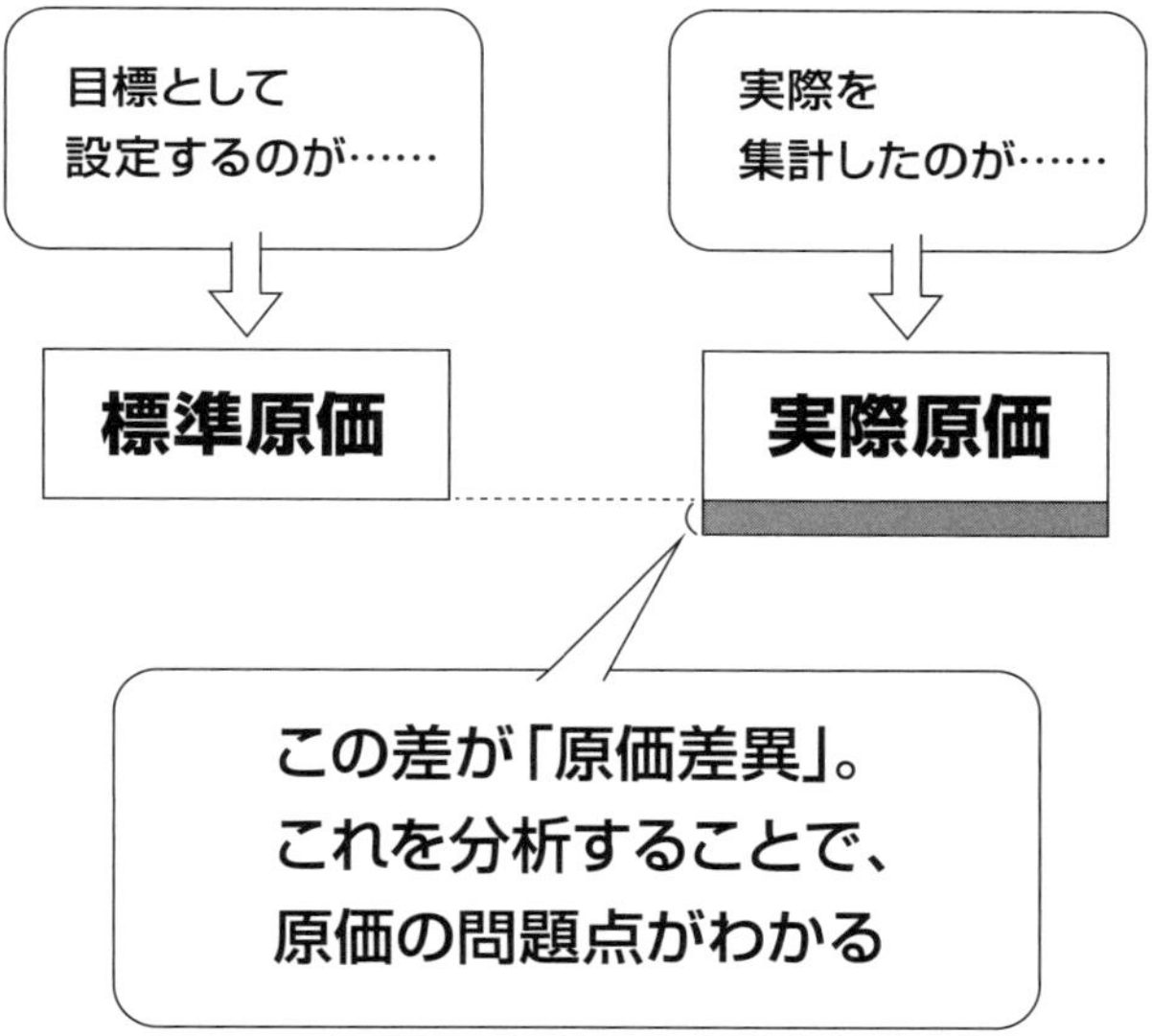
目標として
設定するのが……
標準原価
実際を
集計したのが……
実際原価
この差が「原価差異」。
これを分析することで、
原価の問題点がわかる

例　材料は高すぎないか？
人手と時間をかけすぎていないか？
電気やガスを使いすぎていないか？
etc.

それを解決して、次の製造時には実際原価が標準原価により近くなるようにコントロールする――つまり「原価管理」が標準原価を決める主要な目的です。

ですから、**「標準原価計算」は左の図のような手順で行なわれます。**標準原価は、実際原価が発生する前に決めておき、実際原価を集計した後は、原価差異をしっかり分析するところがポイントです。

◆――標準原価こそ「真実の原価」？

標準原価計算を採用した場合は、実は標準原価こそが「真実の原価」であるという考え方をします。そのため、会計帳簿への記入も標準原価のほうが基本になり、実際原価との差額は原価差異として処理する方法をとります。

具体的には原価差異の分は、決算書を作成するときに売上原価の一部として処理され、損益計算書の売上総利益に加減されます。

ですから、決算書の作成に直接結びつかない「直接原価計算」（↓P174）と異なり、標準原価計算は財務会計のシステムに組み入れられる原価計算です。それによって、原価の記帳が簡略化され、迅速になるとされています。

これは、標準原価計算が直接原価計算と異なる大きな特徴です。

標準原価計算の進め方

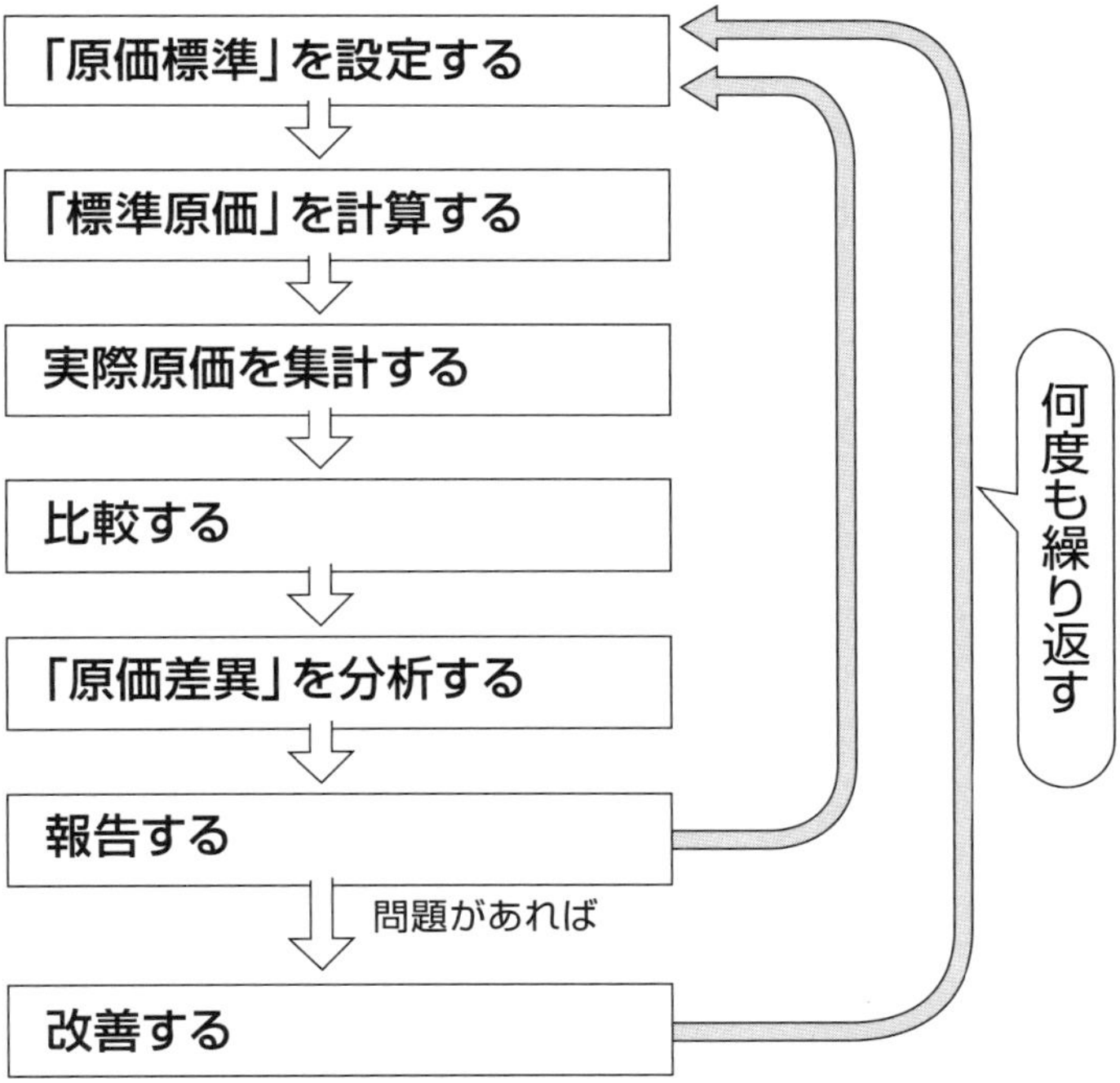

POINT

標準原価は、実際原価の発生前に設定しておき、実際原価集計後は原価差異を分析する

3 「標準原価計算」と普通の原価計算の違いは？

実際原価と標準原価の「原価差異」を分析して報告する

標準原価計算は、実際原価計算と同様、財務会計に組み入れられるシステムですから、実際にはさまざまな手順があります。ここでは、どのようにして原価管理を進めるのか、基本的なポイントを押さえておきましょう。

◆――「原価差異」を計算する

標準原価計算で、最初に製品1単位の目標として定めておく原価を「原価標準」といいます。これには、細かくいうと標準直接材料費、標準直接労務費、標準製造間接費があり、また、物量標準と価格標準の両面がありますが、いずれにしてもこの原価標準を元に、生産数量の原価計算を行なったものが「標準原価」です。

標準原価は、あまり理想を追求すると現実的には達成不可能になってしまいます。そこで、制度としては「理想的標準原価」ではなく、ある程度の余裕をみた「現実的標準原価」、統計的平均と将来の趨勢《すうせい》を加味した「正常原価」を用いることが大事です。

　この標準原価を、実際原価から差し引いた差額が「原価差異」です。原価差異がプラスの場合は「不利差異」、マイナスのときは「有利差異」と呼びます。

「原価標準」「原価差異」とは？

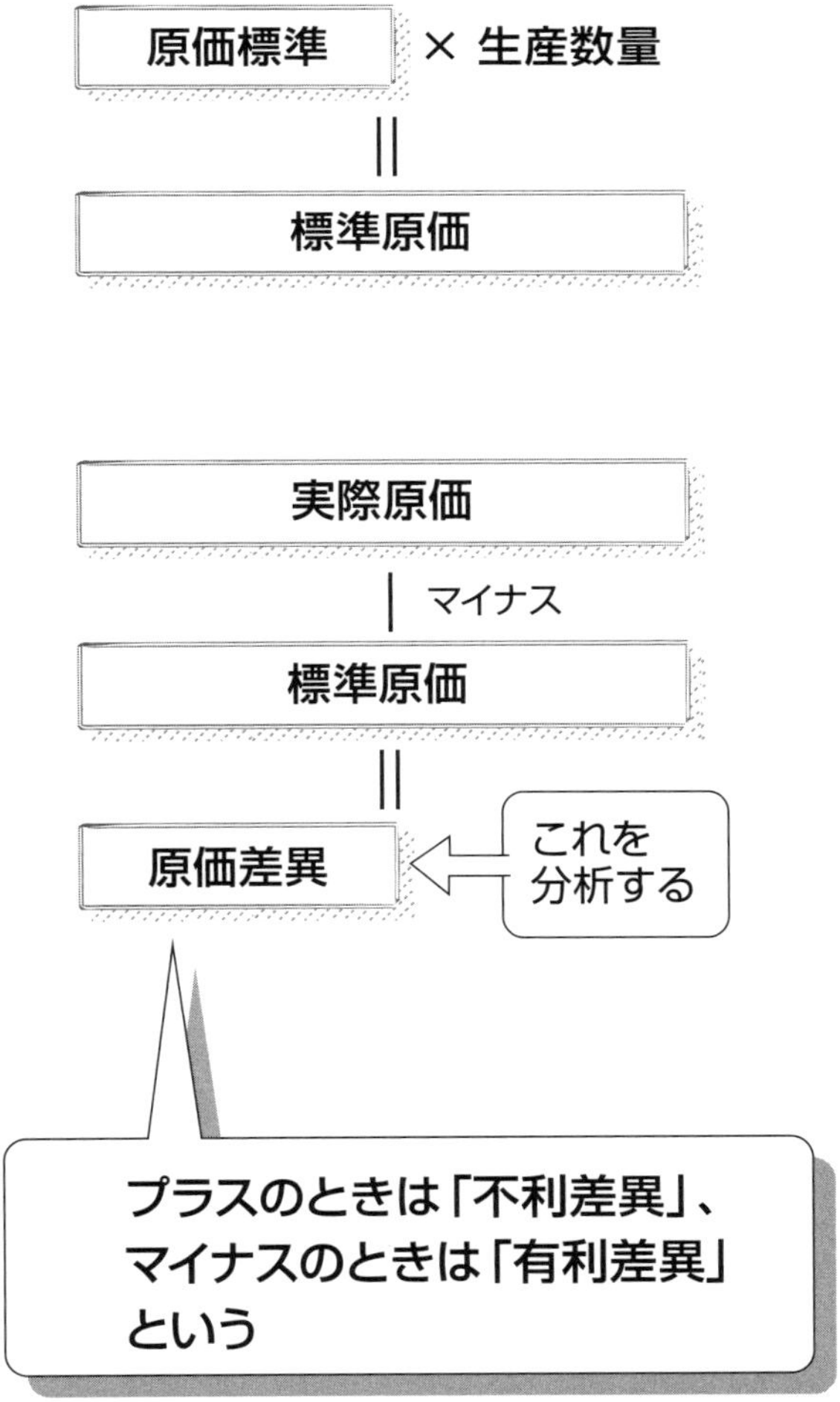

◆――「直接材料費差異」「直接労務費差異」「製造間接費差異」に分けて分析する

不利差異が出た場合、そのままでは原因がわかりませんね。

そこで、さらに分析を進めます。原価差異もまた、「直接材料費差異」「直接労務費差異」「製造間接費差異」に分けられますから、それぞれの発生原因にさかのぼって分析していくわけです。

たとえば、直接材料費は要するに消費量×消費価格ですから（↓P100）、材料を予定より多く使っている数量差異なのか、高く買っている価格差異なのかと、調べるわけです。

同様に、直接労務費は直接作業時間差異と賃率差異に分解して分析できます（↓P118）。直接作業時間に差異が出ていれば、作業員にムダな時間の使い方がないかチェックすることが必要です。

一方、**製造間接費差異の場合は、操業度差異、能率差異、予算差異に分解できます**。いずれの場合も、原価差異の発生原因をつきとめて報告するようにします。最終的には発生部門に伝達して、必要な措置をとってもらうことになります。

「原価差異」は、どのように生かすのか？

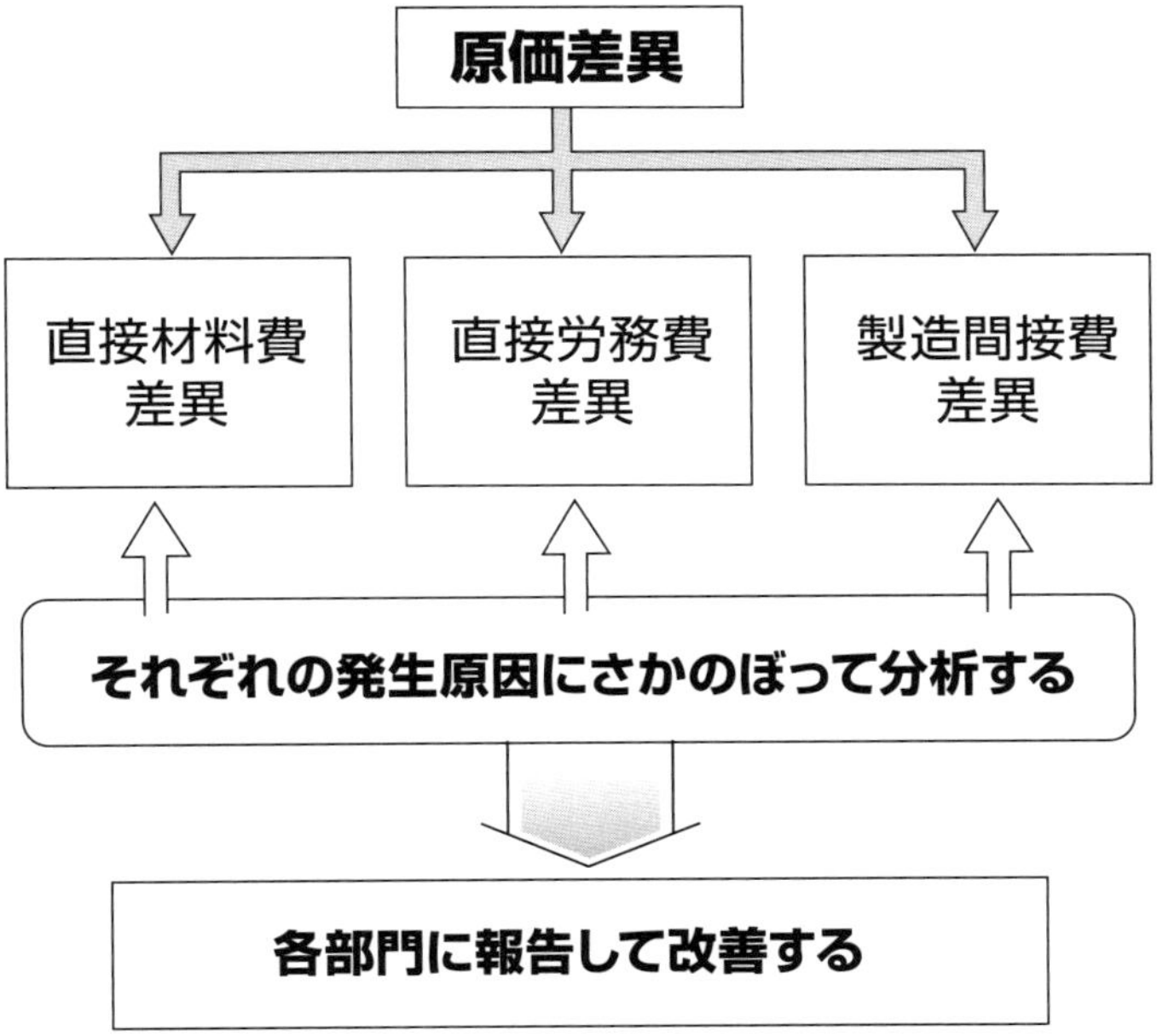

4 「管理できる原価」と「管理できない原価」がある

原価を「管理可能費」と「管理不能費」に分ける方法

標準原価計算は原価を管理する原価計算ですが、**実は管理できない原価というものがあります**。原価差異を分析・報告しても、対処することはできないわけです。

そこで原価を経営計画や意思決定のために利用するときは、原価を「管理可能費」と「管理不能費」に分類する方法もあります。

たとえば、事業部制を採用している会社では、事業部内のかなりの原価が事業部長にとってコントロール可能なもの――管理可能費です。

しかし原価の一部、本社の管理業務費用等の負担分（本社費）などについては、事業部長に金額を左右できる権限がありません。これらは、管理不能費なのです。

こうした場合、たとえば左の図のようにして「管理可能利益」の実績を計算し、予算や他部門の実績と比べたりします。**このように、管理可能性による原価の分類は、経営者や管理者の業績評価方法として利用されています。**

「管理可能費」と「管理不能費」に分けると？

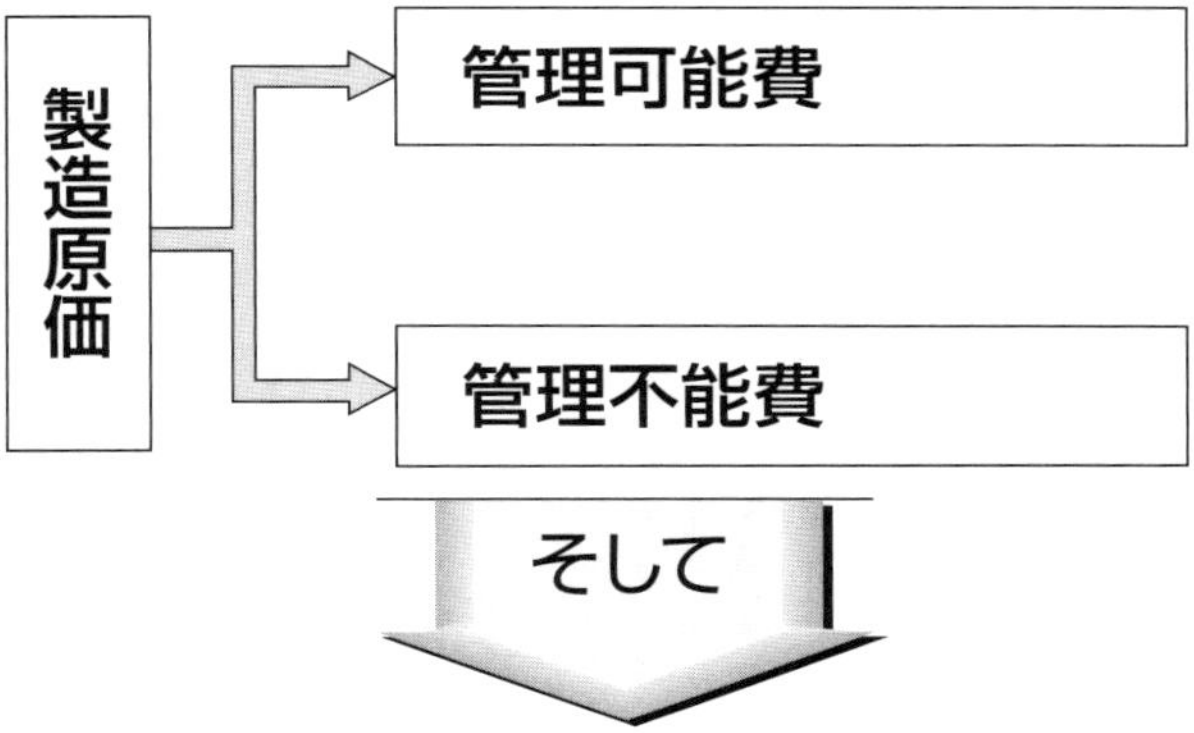

○○製品事業部

Ⅰ	売上高	10,000
Ⅱ	管理可能費	8,000
	変動費	(6,000)
	管理可能固定費	(2,000)
Ⅲ	管理可能利益	2,000

POINT

管理可能利益を予算などと比較して、経営者や管理者の実績を評価する

5 「直接原価計算」はどのように使うのか？

限界利益で見れば、本当の採算性がわかる

◆──「限界利益」はストレートな利益

実際原価計算、標準原価計算と並ぶ第3の原価計算「直接原価計算」は、たびたび触れてきたように財務会計──つまり決算書をつくるしくみとは直接、関係しません。

なのに、原価計算の重要な一面として重視されてきたのは、普通の原価計算ではできないことができるからです。左の図のように、**売上高から変動費を引いた額を「限界利益」といいますが、この限界利益こそ、通常の原価計算では出てこないストレートな利益**なのです。

その理由を説明しましょう。

◆──普通の利益は生産量によって増減する

普通の原価計算には、固定費と変動費（↓P86）を区別するしくみがそもそもありません。

そこで、大量生産、大量販売をすると1個当たりの固定費額が減り、原価が下がって利益が増えます。これが大量生産・大量販売のメリットです（↓P36）。

「限界利益」の考え方とは？

普通の原価計算

売上高 － 売上原価 ＝ 売上総利益

固定費と変動費を分けないので、
利益は生産量によって増減する

直接原価計算

売上高 － 変動費 ＝ **限界利益**

原価から固定費を除くので、生産量に
よって1個当たりの原価が増減しない

POINT

**1個当たり限界利益は生産量に関係しない。
売上高が増えれば増え、売上高が減れば減る
利益です**

逆に生産量が減ると1個当たりの固定費額が増え、原価が上がります。**つまり、普通の原価計算で計算される利益は、生産量の増減によって増減する利益**なのです。

一方、直接原価計算では固定費を除いた変動費、つまり「直接原価」で計算をするので、生産量により原価が増減することはありません。

限界利益は生産量に関係なく一定なのです。

では、限界利益は何によって増減するかというと、売上高です。売上高が増えれば増え、減れば減ります。これなら、いろいろな経営判断をする際にも役に立つデータになります。

◆直接原価計算で採算性を判断する

普通の原価計算と直接原価計算を簡単な例で比べてみると、左の図のようになります。

図上のようなA製品・B製品があったとして、普通の原価計算で2製品の採算性を見ようとすると図中のような計算です。売上高に対する売上総利益の割合（売上総利益率）はA製品のほうが高く、一見、こちらのほうが採算性がよいように見えます。

しかし、直接原価計算で見ると図下のように、1個当たりの限界利益（単位限界利益）でも、売上高に対する限界利益の割合（限界利益率）でも、B製品のほうが有利なのです。

これは、**生産数量によって決まっていた1個当たり固定費の影響が取り除かれたから**です。

直接原価計算は、このように製品の採算性を見るのに効果的な方法です。

直接原価計算で製品の生産性を見る

	A製品	B製品
1個当たり販売価格	100円	200円
販売数量	200個	100個
1個当たり売上原価	85円	180円
(うち変動費)	75円	140円
(うち固定費)	10円	40円

一見しただけではわからない

普通の原価計算では

売上高	20000円	20000円
売上原価	17000円	18000円
売上総利益	3000円	2000円
売上総利益率	15%	10%

Aがよく見えるが……

直接原価計算では

売上高	20000円	20000円
直接原価	15000円	14000円
限界利益	5000円	6000円
1個当たり限界利益	25円	60円
限界利益率	25%	30%

実はBのほうがよい

直接原価計算なら製品の有利・不利がはっきりわかる

6 直接原価計算で効果的な製品戦略を立てる

限界利益の計算から製品の販売構成を見直してみよう

◆普通の原価は「全部原価」だが、直接原価は「部分原価」

結局のところ、直接原価計算と普通の原価計算の違いは、「全部原価」を見るか「部分原価」を見るかという点です（↓P84）。

全部原価を計算する普通の原価計算では、原価の中に固定費も含まれ、そのため売れ残った在庫も固定費を吸収することになって、生産量だけで原価が決まることになります。

これに対して直接原価計算は、直接原価（変動費＝部分原価）を計算するので、売上高によって増減する限界利益が算出されます。この数字から、製品の販売構成を見直してみるわけです。

◆直接原価計算で製品の販売構成を見直してみると

つまり前項では、製品の採算性から有利不利の判断をする例を紹介しましたが、これを一歩進めて会社として製品の販売構成を見直してみましょう。左の図のように、有利なB製品に販売努力を集中し、構成比を高める戦略を実行してみるのです。

直接原価計算で、より有利な販売構成比を考える

	A製品	B製品	合計
1個当たり販売価格	100円	200円	
販売数量	200個	100個	
1個当たり売上原価	85円	180円	
（うち変動費）	75円	140円	
（うち固定費）	10円	40円	

直接原価計算では

売上高	20000円	20000円	40000円
直接原価	15000円	14000円	29000円
限界利益	5000円	6000円	11000円

固定費配賦額	2000円	4000円	6000円
営業利益	3000円	2000円	5000円

限界利益率	25%	30%	
販売構成比	50%	50%	

採算性で有利なBの構成比を、75%まで高めよう！

普通の原価計算では結果が予測できないが……（☞P181）

とはいえ、経済情勢によっては全体としての売上増はむずかしいので、B製品の売上が増えた分、A製品の売上は落ちるものとして計算してみます。

この場合、**固定費は原価の計算の外に出る**ので、利益は売上総利益の次の段階の利益（営業利益）で見ていることに注意してください。

◆──売上高が同じでも利益が増える

結果は左の図のように、営業利益の増加となってあらわれます。売上高が変わらず、製品の販売構成を変えるだけで利益が増えるのです。これも、考えてみればすごいことですね。

このカラクリは、トータルとしての変動費の額が減少して、その分、限界利益が増えたことにあります。固定費の額は減らすことがむずかしいので、変動費のほうの減少をはかったわけなのです。

もちろん、製品1個当たりの変動費を減らすこともむずかしいのですが、**変動費のより少ない製品をたくさん売ることによって、全体として額を減らすことができます**。変動費の売上高に対する割合（変動比率）を下げられるからです。

直接原価計算では、このような製品戦略を立てることも可能です。この例では、たったの

2製品ですが、現実の会社で10製品、100製品と種類が多い場合でも、同様の計算をすることができます。

同じ売上高でも利益が増やせる

変更前

	A製品	B製品	合計
1個当たり販売価格	100円	200円	
販売数量	200個	100個	
1個当たり売上原価	85円	180円	
（うち変動費）	75円	140円	
（うち固定費）	10円	40円	

変更後

限界利益率	25%	30%	
販売構成比	25%	75%	
販売数量	100個	150個	

Bを増やした

売上高合計は同じ

売上高	10000円	30000円	40000円
直接原価	7500円	21000円	28500円
限界利益	2500円	9000円	11500円

固定費合計も同じ

固定費配賦額	2000円	4000円	6000円
営業利益	500円	5000円	5500円

構成比を変えただけで利益が10%増えた

直接原価計算なら、より利益の出る製品構成がわかる

7 「損益分岐点」とはどういうものか？

要は固定費を少なくするか、変動比率を下げるか……

◆――「損益分岐点」で儲かる会社の体質がわかる

前項と同じ考え方で、会社全体としての費用と利益を分析し、会社の体質改善をはかる手法があります。それが「損益分岐点分析」です。

「損益分岐点」自体は、損失も利益も生じない売上高のことで、いわば損益トントンの、損と儲けの分かれ目のことです。この売上高に達するまで会社は赤字で、この売上高を超えたところから利益が出るわけですね。

損益分岐点は、計算式で求めると左の図下のようになりますが、考え方を理解するには図上の「損益分岐点図表」を見るほうがいいかもしれません。**横軸は売上高を、縦軸は費用の額をあらわし、右上に向かって伸びる対角線は、売上をあらわす「売上高線」**です。

ここにまず、固定費の線を置きますが、これは売上高によって変化しない一定額の費用なので、縦軸に直角で交差する水平の線になります。

次に、変動費の線を固定費の上に置きます。こちらは、売上高に比例して増加する費用なので右上に向かって変動比率（↓P180）の角度で伸びる直線ですが、固定費線の上に置いた

「損益分岐点」とは、どういうものか？

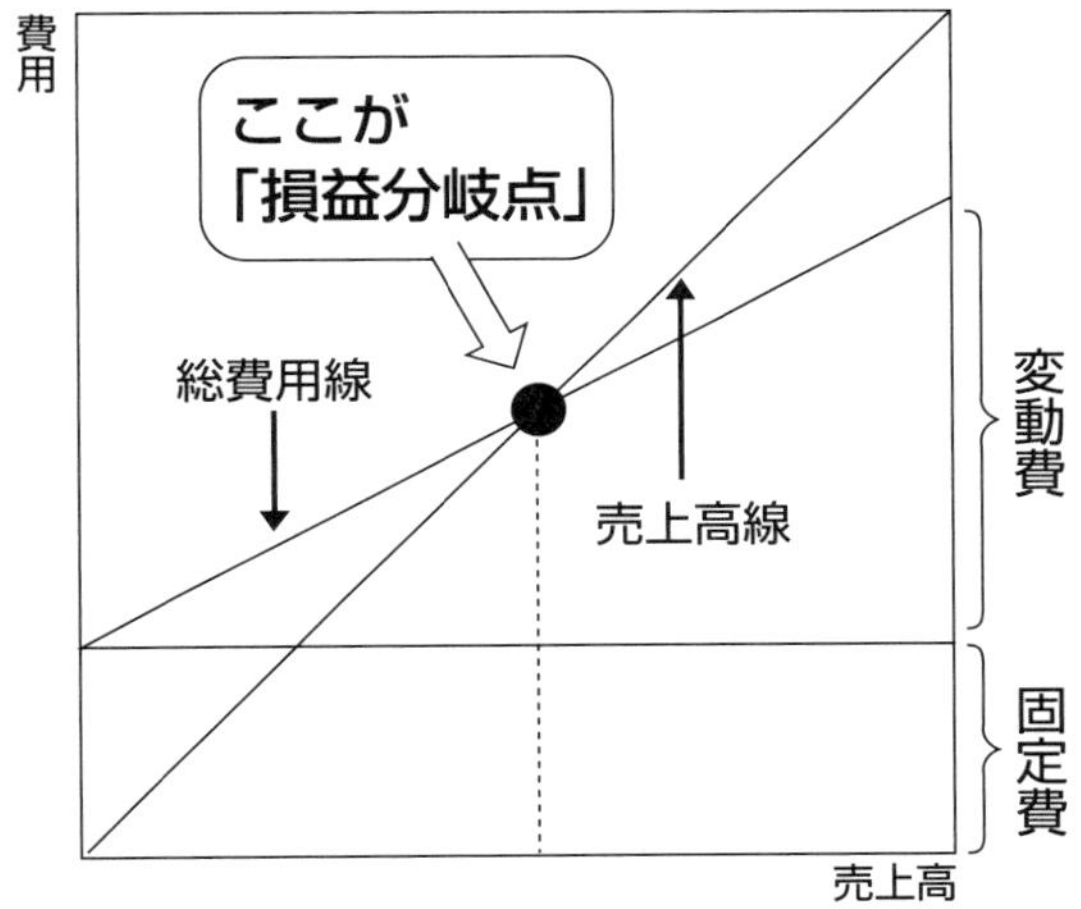

計算式で求めると

$$損益分岐点 = \frac{固定費}{1 - \frac{変動費}{売上高}}$$

損も益も出ない損益トントンの売上高が「損益分岐点」

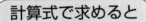

ので結局、固定費と変動費の合計をあらわす「総費用線」になります。

◆──損益分岐点分析で〝儲かる会社〟をめざそう

損益分岐点の売上が低い会社というのは、要するに小さな売上でも利益が出る会社＝儲かりやすい会社です。反対に、損益分岐点の高い会社は、利益を出すのに大きな売上を必要とする会社＝儲かりにくい会社です。

つまり、この分析によって儲かりやすい会社・儲かりにくい会社、儲かる会社・儲からない会社の体質がわかるのです。

それでは、儲かる会社＝損益分岐点の低い会社にするにはどうしたらよいでしょう。そのための方法も、実は損益分岐点図表の中に示されています。

左の図を見るとわかると思いますが、**損益分岐点を低くするには、要は固定費を少なくするか、変動比率（変動費を売上高で割ったもの）を下げるかの2つ**です。つまり、ムダな設備投資などを控えて固定費の発生を抑え、一方、製造現場のコストダウンに取り組んで変動費を下げるということです。

いずれも当然のことですが、こうして損益分岐点から見ていくと納得できるでしょう。

損益分岐点でわかる「儲かる会社」の体質

これが「儲かる会社」の損益分岐点図表

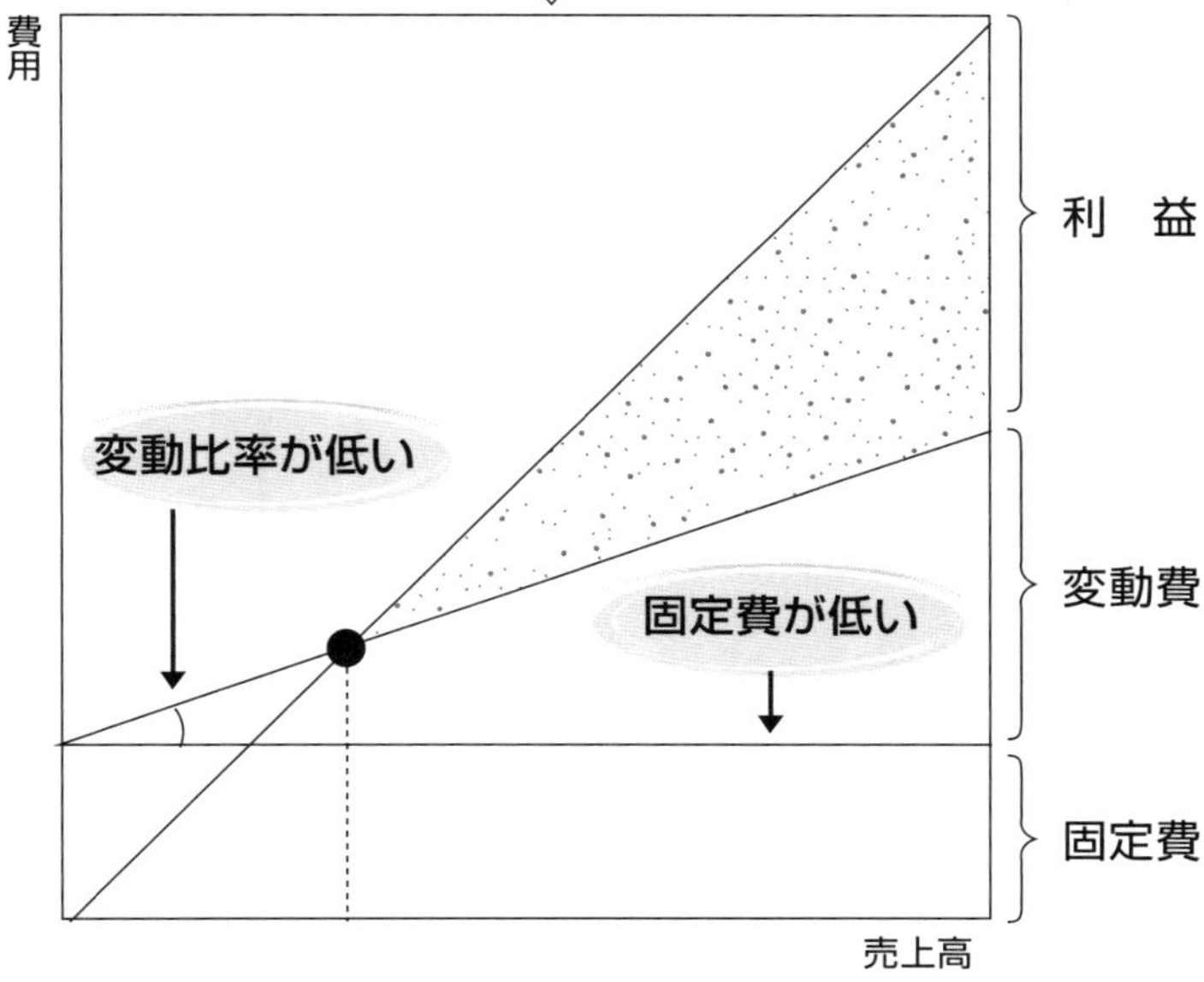

POINT

損益分岐点が低いほど、利益が出やすい「儲かる会社」

8 間接費を見直す原価計算「ＡＢＣ」とは？

「アクティビティ」を基準にサービスの原価や間接費を計算する

ここまで見てきたような原価の話は、製造業以外の人、とくにサービス業の人には実はあまり役立たないかもしれません。

伝統的な原価計算では、サービスの原価の大半が販売費及び一般管理費と間接費に分類され、製造原価の外に置かれるか、製造間接費に一括されて配賦されるからです（→Ｐ134）。原価計算で、サービスの原価をきちんとつかむことができないのです。

一方、現代の製造業でも、原価計算における間接費は大きな問題になっています。機械化、システム化が進み、機械の保守管理・生産管理・品質管理・在庫管理など、製造を支援する業務、管理業務の間接費が増大しているためです。

◆――サービスの原価を計算できる原価計算

そこで、**１９８０年代のアメリカで生まれたのが、新しい原価計算「ＡＢＣ」**です。左のように、部門別の代わりに「アクティビティ（活動）」という考え方で原価をとらえます。

新しい原価計算「ＡＢＣ」とは

伝統的な原価計算

↓

直接費を中心に計算

↓

間接費を適切に計算できない

↓

サービス業の原価計算

↓

原価の大半が間接費

↓

サービスの原価が計算できない

↓

ＡＢＣ
Activity Based Costing
活動基準原価計算

「アクティビティ」を基準に集計し
「コスト・ドライバー」で間接費を適切に割り当てる

↓

間接費を適切に計算できる

↓

より正確な原価計算ができる

↓

サービスの原価が計算できる

↓

より正確な原価計算ができる

POINT

ＡＢＣならサービスの原価も
機械化、システム化が進んだ製造業の原価も
きちんと計算できる

つまり**「アクティビティ・ベースド・コスティング」、日本語では「活動基準原価計算」と訳される**ものです。ABCによって、サービスの原価も、間接費の増大が問題となっている製造業の原価も、きちんと計算できます。

◆——ABCがアクティビティに集計して原価を計算するしくみ

伝統的な原価計算は、費目別、部門別、製品別の3段階で原価を集計するのでした（↓P128）。それに対して**ABCでは、「リソース（経営資源）」「アクティビティ（活動）」「コスト・オブジェクト（原価集計対象）」という3つのものを考えます。**

リソースは、アクティビティを行なうために必要な経営資源です。使うことを「消費する」といいます。そしてアクティビティの結果、発生するコストが集計されるのがコスト・オブジェクトです。コスト・オブジェクトは、製品・サービスのほか、顧客や店舗などの単位で集計することもできます。

このリソースとアクティビティのコストを割り当てる際に、ABCでは「コスト・ドライバー」というものを利用します。原価計算の配賦基準にあたるものですが、日本語で「原価作用因」というように、コストの発生を引き起こす原因です。

ABCは、こういうしくみで原価を計算しています。

ABCはこんなしくみで原価を計算する

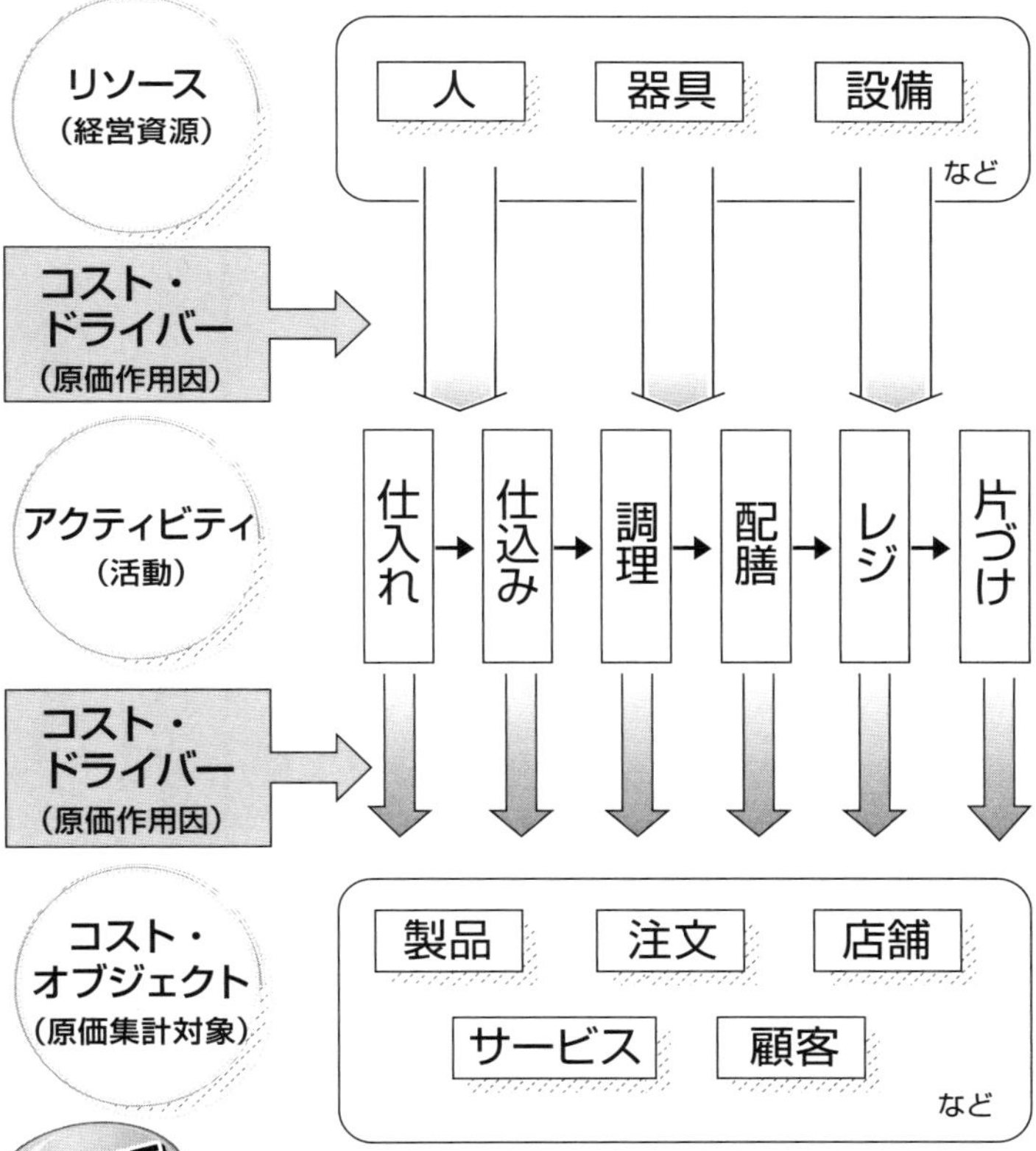

POINT

コスト・オブジェクトはアクティビティを消費しアクティビティはリソースを消費する

9 「ＡＢＭ」なら全社的なコスト削減ができる

コストをつかむＡＢＣと一体で運用する

◆──アクティビティとコスト・ドライバーの考え方が重要

ＡＢＣではなぜ、サービスの原価計算や間接費の適切な割り当てができるかといえば、アクティビティとコスト・ドライバーの考え方に負うところが多いでしょう。

アクティビティは、「ビジネス・プロセスの一部を構成する、ひとかたまりの仕事」とされています。ＡＢＣを導入する際には、まず左の図のような自社のビジネス・プロセスを明確にするのですが、それをさらに細分化したものがアクティビティです。

従来の原価計算では、製造間接費としてひとまとめにされる原価も、ひとかたまりの仕事ごとに割り当てられるので、サービスごとの原価などが計算できるわけです。

また、従来の原価計算では間接費を配賦基準によって割り振りますが、ＡＢＣのコスト・ドライバーはより直接的な原因を基準に割り当てます。日本語で原価作用因というように、コストを変動させる原因そのものを割り当てる基準にするのです。

アクティビティは「ひとかたまり」の仕事

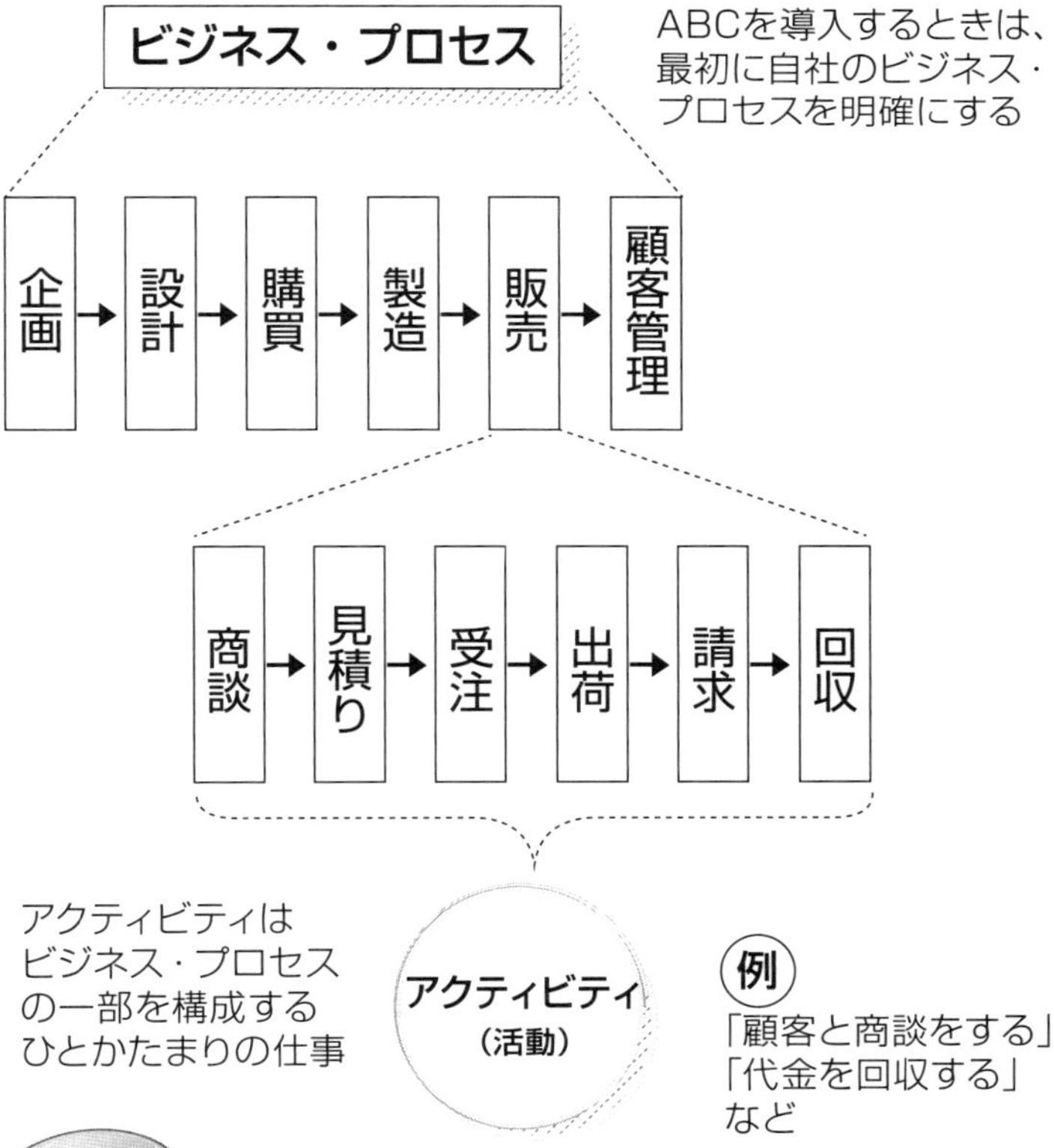

POINT

アクティビティは「○○を××する」という形で定義される

たとえば、機械の電気代がなぜ発生したかといえば、機械が稼働したからです。そこで機械の電気代は、機械の稼働時間をコスト・ドライバーにするといった具合です。

◆──ＡＢＭは全社的なコスト削減を可能にする

ＡＢＣの話では、ときどき「ＡＢＭ」という用語が登場します。これは**「アクティビティ・ベースド・マネジメント」、日本語で「活動基準原価管理」などと訳される**用語です。

ＡＢＣでは、正確なコストをつかむことによって、たとえば採算の悪い部門を縮小するなどの経営判断に役立てることができます。しかし、そのアクティビティが本当に必要なのかなど、アクティビティそのものの問題はわかりません。

そこでＡＢＭは、アクティビティそのものを問題にします。アクティビティとコスト・ドライバーの分析から、アクティビティの問題点を明確にするのです。たとえば必要のないアクティビティや、あまり利用されていないアクティビティを見つけ、それらを廃止したり、人員を削減したりします。これで**可能になるのは、全社的なコスト削減**です。

また、コスト・ドライバーからアクティビティへと分析を進めていけば、コストダウンのために何を基準にすればよいか、「業績尺度」もわかるでしょう。

コストをつかむＡＢＣと、コストを下げるＡＢＭは、一体として活用されるものです。

ABMなら全社的なコストダウンに役立つ

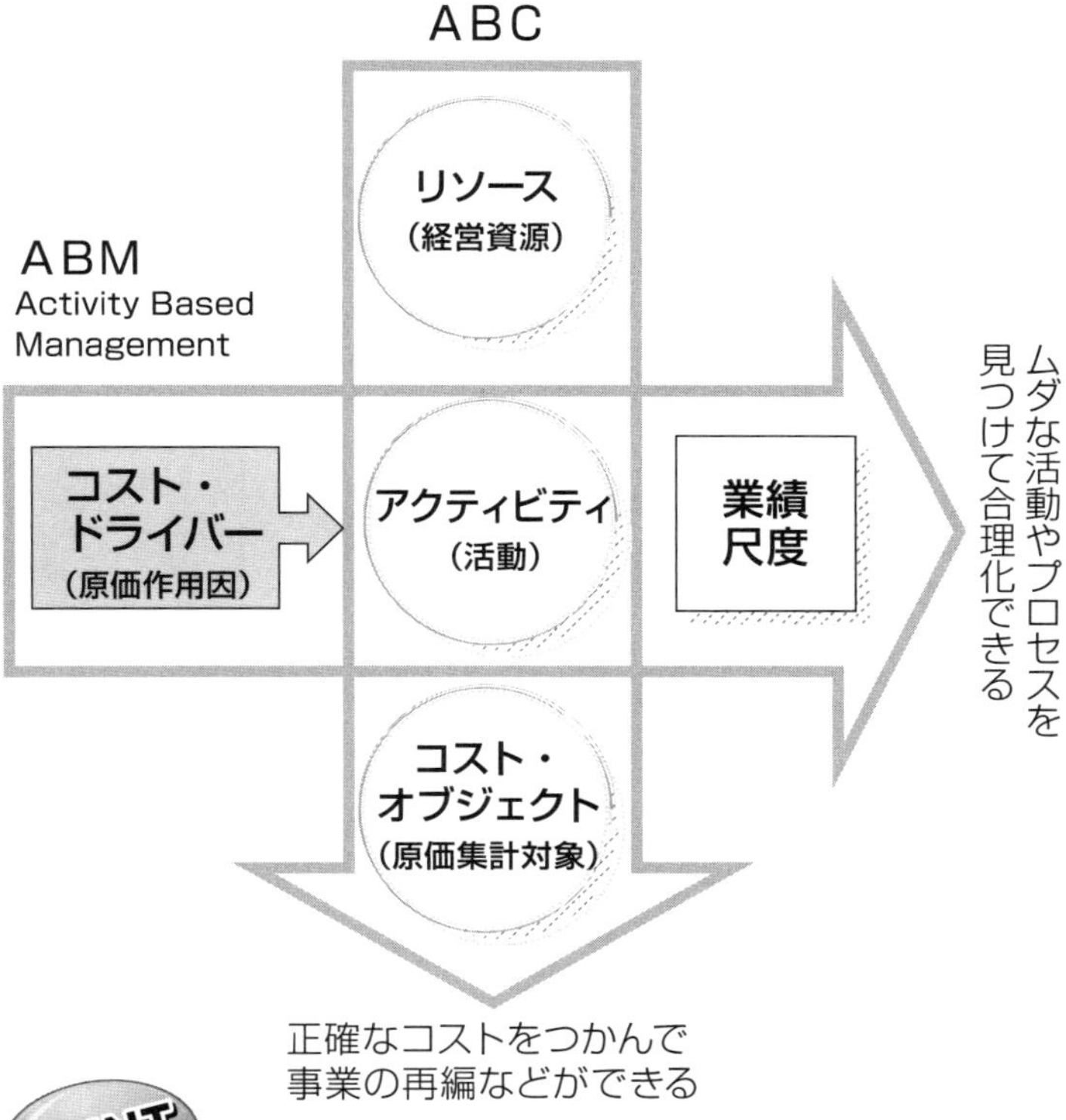

POINT

正確なコストをつかめるABCと
コストダウンができるABMを
一体として活用する

10 原価のどこをどうコストダウンすればよいか？

原価のしくみからコストダウンを考えてみよう

この章の最後に原価を下げる——コストダウンには、何が必要かを考えてみましょう。

というと、ここまで丹念に読んでいただいた方には、「原価とコストは違うものでは？」と突っ込まれるかもしれませんね。たしかに、原価という用語の正確な意味については、繰り返し説明してきました。

◆——原価とコストの違いを考えてみよう

しかし、**あえていわせてもらえば、ビジネスの現場では原価とコスト、それに費用という用語は厳密に区別されていません**。ですから、仮に経営者から「原価低減！」という指示が出たとしても、それは全般的なコストダウンのことをいっている可能性が高いのです。経営者にすれば、どこのどのコストが下がってもよいのですから、コストダウンの対象を製造原価と仕入原価に限定する意味はないでしょう。

要は、**原価とコストという文字づらにとらわれず**、いま求められているコストダウンは何なのかと考えることです。

◆——原価の知識をコストダウンに生かそう

この本で説明した原価のしくみの知識は、コストダウンに生かすことができます。たとえば、材料費・労務費・経費の中身をチェックして、減らすことができれば文字どおり「原価低減」によるコストダウンが可能です。

また、広い意味の原価——販売費及び一般管理費に着目して、ムダな費用の節約に取り組むことも考えられます。**販売費及び一般管理費は、会社では（製造原価の経費とは別に）経費と呼ぶことが多いので、これが成功すれば「経費節減」によるコストダウン**です。

さらに、広い意味の原価に含まれない非原価項目でもコストダウンはできます。たとえば税金は代表的な非原価項目ですが、納付額を少なくすませることを考えてみましょう。

法人税などは、きちんとした会計処理や税制上の優遇制度を利用すると、払わないでよい税金を払わないですませる、いわゆる「節税」ができます。会社にとっては、税金もコストのひとつであることに変わりはありませんから、節税も立派なコストダウンです。

このように、原価のしくみを理解していると、やみくもにコストを削るのではなく、筋道を立ててコストダウンに取り組むことができます。

◆――管理しやすい原価、しにくい原価を見分けてみよう

原価のしくみの知識を、コストダウンに生かす例をもうひとつあげましょう。

原価には直接費・間接費、変動費・固定費という分類がありましたね。原価管理という面から見ると、どの製品の原価とわかる直接費は管理しやすく、わからない間接費は管理しにくい原価です。また、生産量に比例して発生する変動費は管理しやすく、生産量に関係なく発生する固定費は管理しにくいといえます。

そこでこれを、**左の図のようにマトリックスにしてみましょう。すると、管理しやすい原価、しにくい原価が浮かび上がる**はずです。

つまり、直接費であり変動費である原価がいちばん管理しやすく、直接費・固定費、間接費・変動費の組み合わせが次に続きます。そして最も管理しにくいのが、間接費であり固定費である原価です。

このことを理解した上で、それぞれのマスに具体的な原価項目――主要材料費とか事務所家賃などを入れてみます。**そうすれば、どの原価が管理しやすい＝コストダウンに取り組みやすい、管理しにくい＝コストダウンがむずかしいとわかる**ことでしょう。

管理しやすい原価、しにくい原価を見分ける

ここに具体的な
原価項目を書き出す

	直接費	間接費
変動費	A	B
固定費	B	C

A → いちばん管理しやすい

B → やや管理しにくい

C → 管理しにくい

POINT

いろいろな原価のしくみから
コストダウンを考えてみよう

このように、いろいろな発想で原価のしくみからコストダウンを考えることができます。折に触れ、この製品やサービスの原価はどうなっているのか、どこをどうすればコストダウンにつながるか、原価のしくみから取り組んでみてください。

エピローグ

あなたの業界の「原価」を見てみよう

自分の業界の原価の構造や特徴を知って、「どこを改善すればいいいか」考えよう。

表の数値は中小企業庁「中小企業実態基本調査　平成30年速報（平成29年調査）」より算出したものです。業種は日本標準産業分類中の11業種が対象になっています。

あなたの業界の「原価」を見てみよう

建設業

元請け・下請け・孫請けという外注構造がいろいろな面に影響

建設業では、売上高にあたるものは「完成工事高」といいます。対応する原価は「完成工事原価」です。中小企業実態基本調査では、業種間のばらつきを避けるため、全業種で左の表のような用語に統一していますので、ここではその用語にしたがって説明します。

建設業の原価構成でまず目立つのは、全体に占める売上原価の割合の高さです。約79％は、11業種の中でもトップクラスといえます。売上原価の中で目立つのは、**外注費の高さ**です。売上原価構成比では約52％あり、半分以上を外注に頼っています。これはいうまでもなく、元請け・下請け・孫請けという建設業に顕著な外注構造によるものです。

一方、材料費の約19％に対して、労務費の約10％は意外に低い気がしますが、こちらは労務下請けによるものと思われます。下請けに発注した場合でも、工事材料等は支給とすることがあるので、その分、材料費の割合が高くなるのです。

このように、**建設業の原価はいろいろな面で、外注の影響を受けています。**

これが建設業の原価です

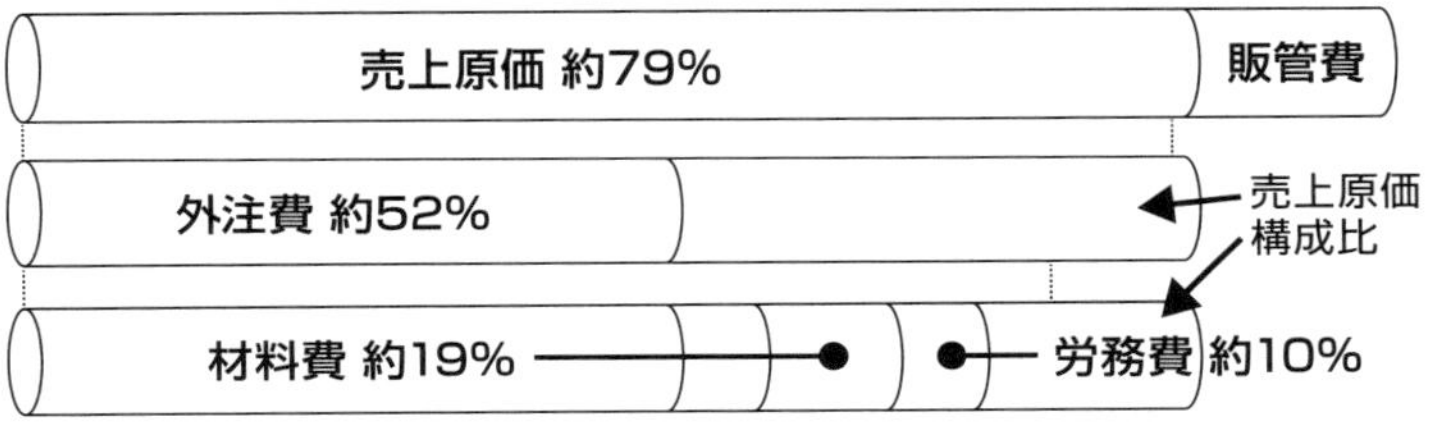

（建設業法人企業合計）	原価別構成比	売上高構成比
売上高	―	100.0%
売上原価	100.0%	78.9%
商品仕入原価	6.7%	5.3%
材料費	18.8%	14.8%
労務費	10.2%	8.0%
外注費	52.1%	41.1%
減価償却費	0.9%	0.7%
その他の売上原価	11.4%	9.0%
売上総利益	―	21.1%
販売費及び一般管理費	100.0%	17.3%
人件費	50.2%	8.7%
地代家賃	4.0%	0.7%
水道光熱費	1.0%	0.2%
運賃荷造費	0.4%	0.1%
販売手数料	0.4%	0.1%
広告宣伝費	1.2%	0.2%
交際費	3.4%	0.6%
減価償却費	4.2%	0.7%
従業員教育費	0.2%	0.0%
租税公課	3.7%	0.6%
その他の経費	31.3%	5.4%
営業利益	―	3.8%

［中小企業庁　中小企業実態基本調査　平成30年（2018年）速報より作成］

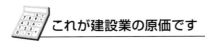

あなたの業界の「原価」を見てみよう

製造業

売上高構成比の8割近くが製造原価、その4割以上が材料費

製造業も、売上原価（製造原価）の割合が高い原価構造です。売上高構成比で約78%、8割を占めます。逆に、販売費及び一般管理費の売上高構成比約18%は、11業種の中でも最も低いレベルです。

売上原価のうちでは、材料費の売上高構成比約33%、売上原価構成比約42%が突出しています。結局のところ、**全体の3割以上、製造原価の4割以上が材料費**なのです。

他の原価要素の売上原価構成比にも目を向けてみましょう。労務費、つまり人件費の約17%は意外に低いように思いますが、これは本文でも触れたように、製造業の機械化が進んでいることのあらわれと考えられます。

外注費は製造経費なので、外注費以下の減価償却費・その他を経費と考えると、それらの合計は25・5%です。製造業では原価の3要素で考えても、労務費の2割以下、経費の2割5分に比べて、材料費の4割以上が突出しています。

これが製造業の原価です

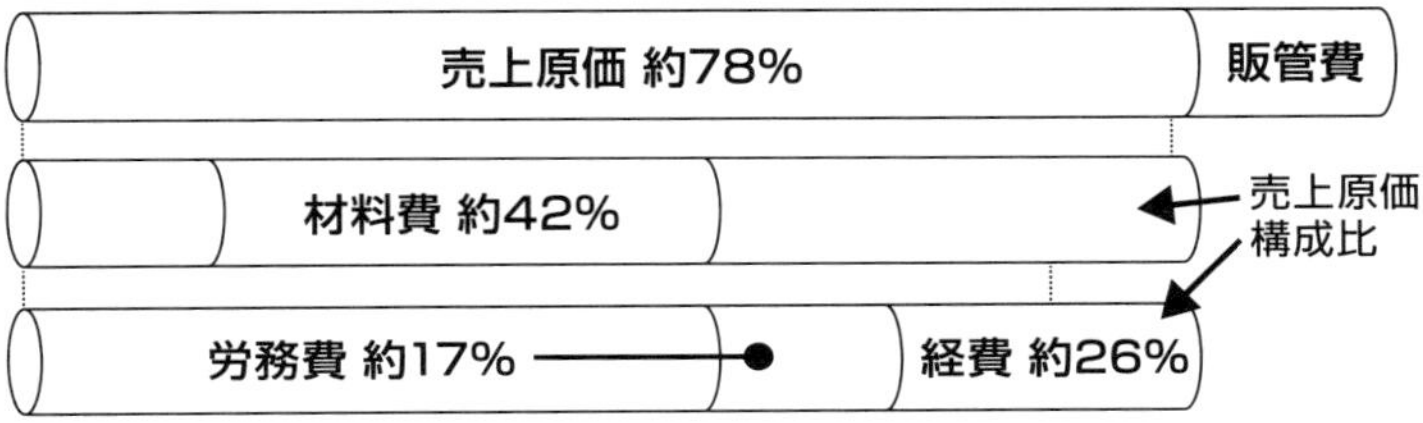

（製造業法人企業合計）		原価別構成比	売上高構成比
売上高		−	100.0%
売上原価		100.0%	78.1%
	商品仕入原価	15.2%	11.9%
	材料費	42.2%	32.9%
	労務費	17.1%	13.3%
	外注費	12.2%	9.6%
	減価償却費	2.8%	2.2%
	その他の売上原価	10.5%	8.2%
売上総利益		−	21.9%
販売費及び一般管理費		100.0%	17.9%
	人件費	45.5%	8.1%
	地代家賃	3.6%	0.6%
	水道光熱費	1.4%	0.3%
	運賃荷造費	9.1%	1.6%
	販売手数料	1.9%	0.3%
	広告宣伝費	1.5%	0.3%
	交際費	1.5%	0.3%
	減価償却費	4.0%	0.7%
	従業員教育費	0.2%	0.0%
	租税公課	2.9%	0.5%
	その他の経費	28.4%	5.1%
営業利益		−	4.0%

［中小企業庁　中小企業実態基本調査　平成30年（2018年）速報より作成］

あなたの業界の「原価」を見てみよう　情報通信業

売上原価と販売費及び一般管理費を通して人件費の割合が高い

日本標準産業分類で情報通信業に分類されているのは、携帯を含む電話、有線放送を含む放送、ソフトウェア・情報処理、インターネット付随サービス、映像・音声・文字情報の制作など多様な業種です。映画・ビデオ・アニメの制作から音楽レコード、新聞・出版・広告の制作まで含まれます。

これらの業態を考えると、左の表のように**売上原価の占める割合が比較的低く、販売費及び一般管理費の割合が高い**ことがわかります。販売費及び一般管理費の売上高構成比約41％は、11業種の中でも高いほうです。

また、売上原価と販売費及び一般管理費を通して、労務費と人件費の割合の高さが目立ちます。売上高構成比の合計33・5％は、実は11業種の中で最高です。冒頭であげたような業種では、ビジネスは〝人〟のパワーに頼る部分が大きいということでしょう。外注費の原価別構成比約29％も、外部の人材を活用している結果と考えられます。

これが情報通信業の原価です

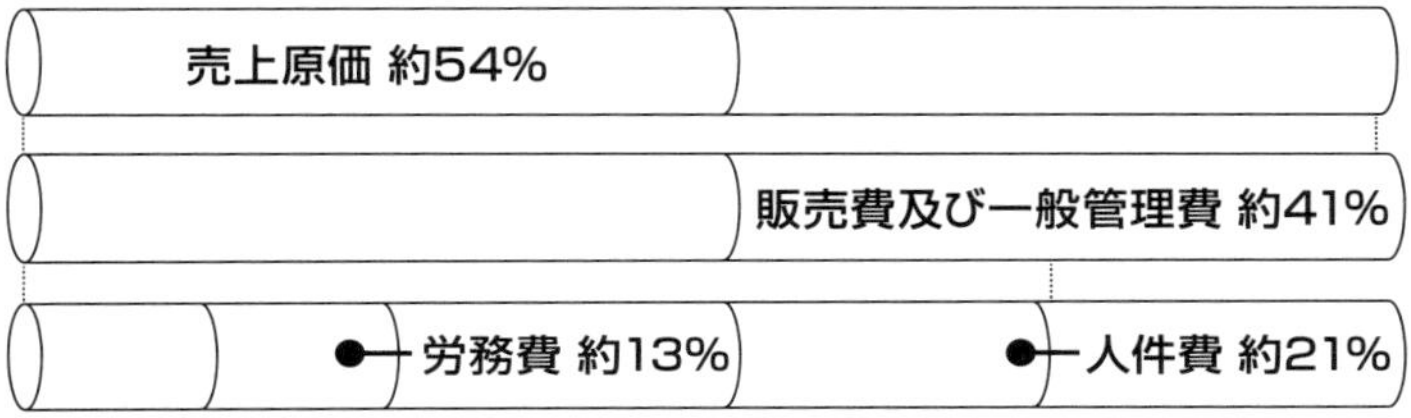

（情報通信業法人企業合計）	原価別構成比	売上高構成比
売上高	―	100.0%
売上原価	100.0%	53.6%
商品仕入原価	16.4%	8.8%
材料費	7.0%	3.7%
労務費	24.0%	12.9%
外注費	29.4%	15.8%
減価償却費	2.4%	1.3%
その他の売上原価	20.8%	11.2%
売上総利益	―	46.4%
販売費及び一般管理費	100.0%	41.3%
人件費	50.0%	20.6%
地代家賃	4.6%	1.9%
水道光熱費	0.7%	0.3%
運賃荷造費	1.3%	0.6%
販売手数料	3.2%	1.3%
広告宣伝費	3.5%	1.4%
交際費	1.1%	0.5%
減価償却費	3.0%	1.2%
従業員教育費	0.3%	0.1%
租税公課	1.9%	0.8%
その他の経費	30.5%	12.6%
営業利益	―	5.1%

［中小企業庁　中小企業実態基本調査　平成30年（2018年）速報より作成］

あなたの業界の「原価」を見てみよう　運輸業、郵便業

人件費、外注費、減価償却費など〝人〟と運送手段の割合が高い

運輸と聞くと宅配便などが思い浮かびますが、道路貨物運送のほか、道路旅客運送、鉄道、外航を含む水運、航空運輸、倉庫などが含まれます。

ひと頃、**宅配便ドライバーの人手不足が話題になりましたが、これらの業種も〝人〟が中心のビジネス**と考えられます。そこでまず、人件費関連に注目してみると、労務費の売上高構成比約22％は11業種の中でトップレベルです。販売費及び一般管理費の人件費約10％と合わせると約32％ですから、コストに占める〝人〟の割合の高さがわかります。

ほかに外注費の高さ約21％も目立ちますが、これは車両と人員ごと運送を外部に委託するという、運輸ならではの下請けによるものでしょう。他の業種に比べて、減価償却費が3％と高いのも、運送手段として車両などを大量に保有しているためと考えられます。

外注費によって外注した先でも、人件費と減価償却費の割合は高いはずですから、この業種はやはり〝人〟と運送手段に左右される部分が大きいようです。

これが運輸業、郵便業の原価です

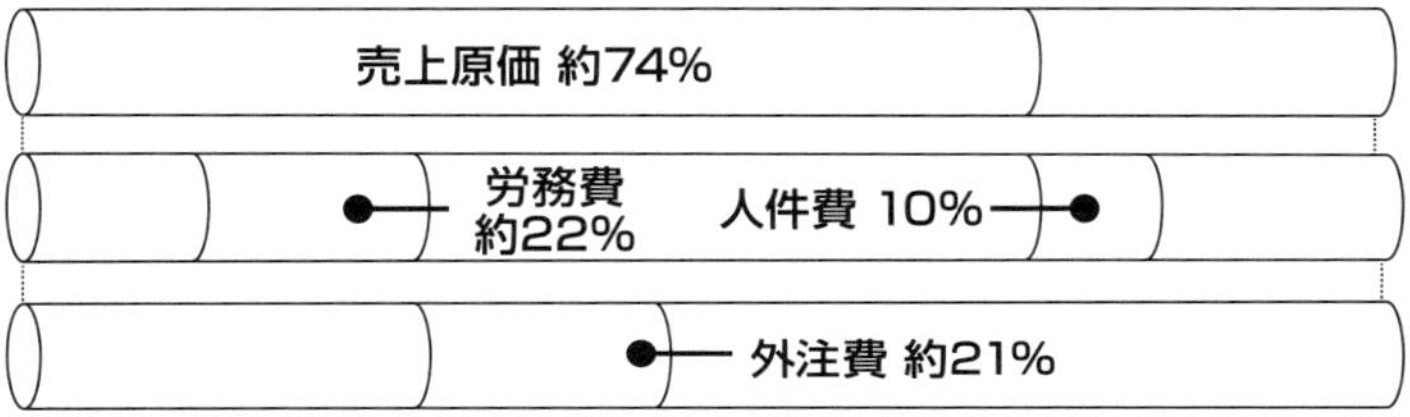

（運輸業、郵便業法人企業合計）		原価別構成比	売上高構成比
売上高		−	100.0%
売上原価		100.0%	74.4%
	商品仕入原価	7.0%	5.2%
	材料費	2.8%	2.0%
	労務費	29.8%	22.2%
	外注費	28.7%	21.4%
	減価償却費	4.1%	3.0%
	その他の売上原価	27.7%	20.6%
売上総利益		−	25.6%
販売費及び一般管理費		100.0%	23.2%
	人件費	43.6%	10.1%
	地代家賃	4.4%	1.0%
	水道光熱費	1.2%	0.3%
	運賃荷造費	3.1%	0.7%
	販売手数料	0.7%	0.2%
	広告宣伝費	0.6%	0.1%
	交際費	1.7%	0.4%
	減価償却費	5.6%	1.3%
	従業員教育費	0.2%	0.1%
	租税公課	2.8%	0.7%
	その他の経費	36.1%	8.4%
営業利益		−	2.4%

［中小企業庁　中小企業実態基本調査　平成30年（2018年）速報より作成］

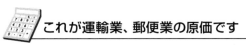

あなたの業界の「原価」を見てみよう

卸売業

コストの8割以上が仕入原価、仕入れで商売の成否が決まる

販売業は、流通の中間を受け持つ卸売業と、消費者に直接販売する小売業に分かれています。まず、卸売業の原価を見てみましょう。

最初に目につくのが、**売上高に占める利益の薄さ**です。営業利益が1％台というのは、11業種の中でも3業種しかありません。小売業もそうですが、これは販売業の生産性が低いというわけではなく、**仕入れて売ることからくる構造的な特徴**なのです。

販売業では、仕入れから販売までの過程が単純なため、製造業やサービス業のように付加価値をつける余地があまりありません。結局、売上原価の占める割合が高くなり、利益は薄くなるのです。

実際、卸売業では全体に占める売上原価の割合が85％もあります。売上原価に占める仕入原価の割合は、なんと95％以上です。**いかに安く仕入れられるかが、販売業の成否を決める**といわれますが、卸売業の原価構造はそれを端的にあらわしています。

これが卸売業の原価です

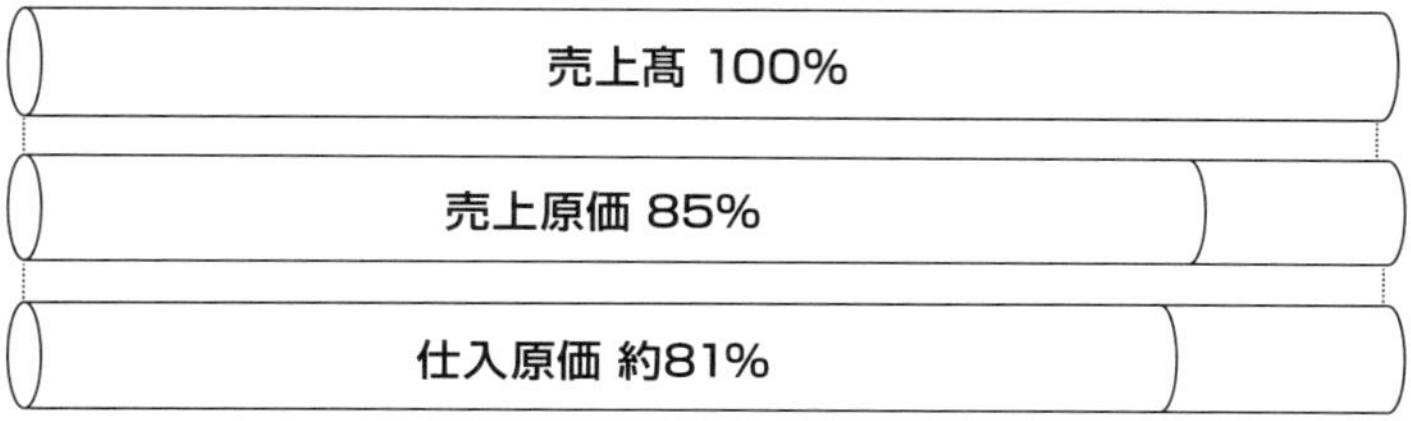

（卸売業法人企業合計）	原価別構成比	売上高構成比
売上高	－	100.0%
売上原価	100.0%	85.0%
商品仕入原価	95.5%	81.2%
材料費	1.3%	1.1%
労務費	0.4%	0.4%
外注費	1.4%	1.2%
減価償却費	0.1%	0.1%
その他の売上原価	1.2%	1.1%
売上総利益	－	15.0%
販売費及び一般管理費	100.0%	13.2%
人件費	48.5%	6.4%
地代家賃	4.4%	0.6%
水道光熱費	1.2%	0.2%
運賃荷造費	6.9%	0.9%
販売手数料	1.9%	0.3%
広告宣伝費	1.5%	0.2%
交際費	1.4%	0.2%
減価償却費	4.0%	0.5%
従業員教育費	0.1%	0.0%
租税公課	1.9%	0.3%
その他の経費	28.1%	3.7%
営業利益	－	1.8%

［中小企業庁　中小企業実態基本調査　平成30年（2018年）速報より作成］

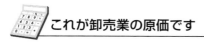

あなたの業界の「原価」を見てみよう

小売業

売上原価は約7割、販売員の人件費も成否を決めている

小売業は、卸売業に比べると売上原価が比較的低い原価構成です。もちろん、利益率は低く、営業利益1・4％は、実は11業種中最低。しかし売上総利益で見ると、約31％と卸売業の倍あります。

では、その**売上総利益（粗利益）はどこに行っているかというと、販売費及び一般管理費です**。つまり、卸売業に比べて、より販売にコストをかけているのです。

販売費及び一般管理費の中身を見てみると、人件費が13％以上と、卸売業の2倍以上あります。それだけ〝人〟にコストをかけて、売上をあげているわけです。また、広告宣伝費1％も11業種の中では高いほうで、広告宣伝にもコストをかけざるを得ないのです。

もちろん、売上原価が全体の約7割を占めるのですから、仕入れである程度決まってしまうことは変わりません。しかし、約3割を占める販売費及び一般管理費の使い方――とくに販売員の人件費も、小売業の成否を決めているのは間違いないでしょう。

これが小売業の原価です

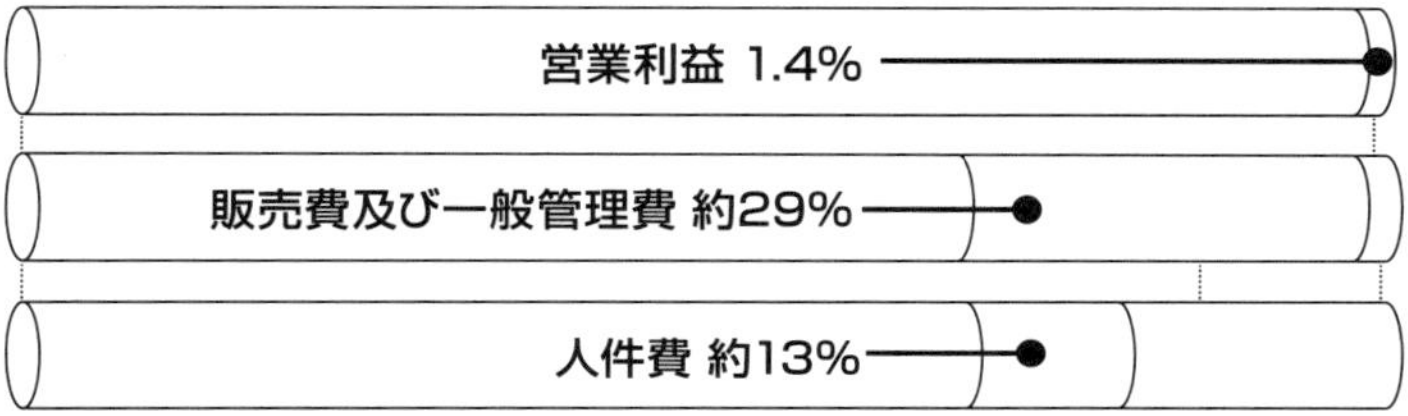

（小売業法人企業合計）		原価別構成比	売上高構成比
売上高		−	100.0%
売上原価		100.0%	69.5%
	商品仕入原価	95.0%	66.0%
	材料費	1.5%	1.0%
	労務費	1.0%	0.7%
	外注費	1.0%	0.7%
	減価償却費	0.1%	0.0%
	その他の売上原価	1.5%	1.0%
売上総利益		−	30.5%
販売費及び一般管理費		100.0%	29.1%
	人件費	46.0%	13.4%
	地代家賃	8.5%	2.5%
	水道光熱費	2.7%	0.8%
	運賃荷造費	2.2%	0.6%
	販売手数料	3.4%	1.0%
	広告宣伝費	3.3%	1.0%
	交際費	0.9%	0.3%
	減価償却費	4.1%	1.2%
	従業員教育費	0.2%	0.1%
	租税公課	1.9%	0.5%
	その他の経費	26.8%	7.8%
営業利益		−	1.4%

［中小企業庁　中小企業実態基本調査　平成30年（2018年）速報より作成］

不動産業、物品賃貸業

あなたの業界の「原価」を見てみよう

際立った特徴はないが減価償却費と租税公課が高い

不動産業は土地や建物の売買と賃貸・管理など、物品賃貸業はリースやレンタカーをはじめ、いろいろな物品の賃貸を行なう業種の分類です。

売上高構成比では、売上原価が約57％、販売費及び一般管理費が約35％と、平均に近い数字になっています。とくに目立つのは、**8％を超える営業利益率の高さでしょう**。これは11業種中最高の割合です。

原価構成としては、他業種と比べて際立っている特徴はありません。強いていえば、減価償却費の高さでしょうか。売上原価中、販売費及び一般管理費中、いずれも11業種中最高の3・7％あります。建物の減価償却費は、不動産にかかるコストのうちでも大きな割合を占めるので、それが原因と考えられます。

また、租税公課が2％以上あるのもこの業種だけです。賃貸用不動産の固定資産税のほか、契約にあたっての印紙税、登録免許税などが影響している可能性があります。

これが不動産業、物品賃貸業の原価です

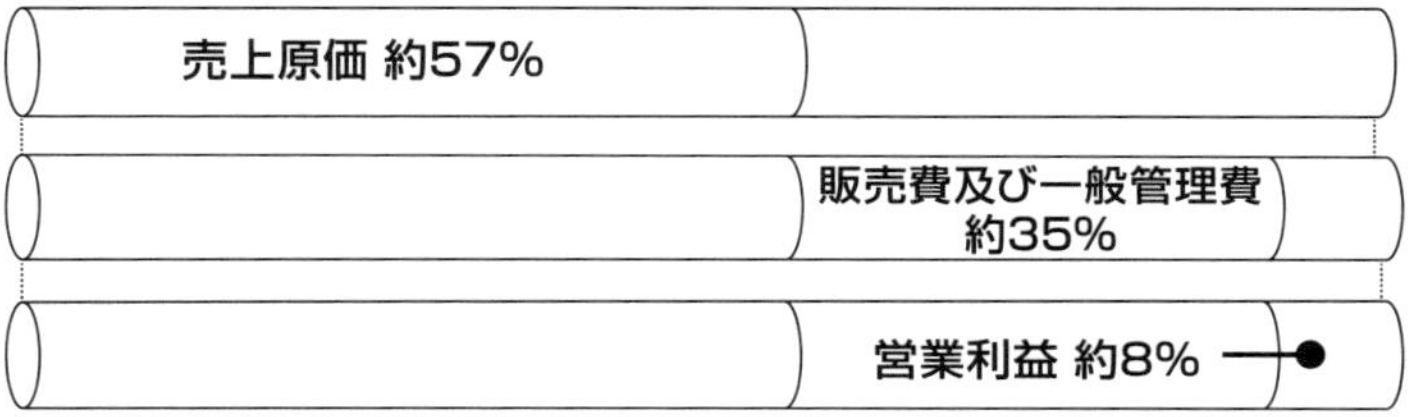

(不動産業等法人企業合計)	原価別構成比	売上高構成比
売上高	ー	100.0%
売上原価	100.0%	56.7%
商品仕入原価	50.1%	28.4%
材料費	3.4%	1.9%
労務費	3.0%	1.7%
外注費	12.8%	7.2%
減価償却費	6.5%	3.7%
その他の売上原価	24.2%	13.7%
売上総利益	ー	43.3%
販売費及び一般管理費	100.0%	35.1%
人件費	36.4%	12.8%
地代家賃	9.9%	3.5%
水道光熱費	2.0%	0.7%
運賃荷造費	0.2%	0.1%
販売手数料	2.9%	1.0%
広告宣伝費	2.1%	0.7%
交際費	1.8%	0.6%
減価償却費	10.7%	3.7%
従業員教育費	0.2%	0.1%
租税公課	7.4%	2.6%
その他の経費	26.3%	9.2%
営業利益	ー	8.2%

[中小企業庁　中小企業実態基本調査　平成30年(2018年)速報より作成]

学術研究、専門・技術サービス業

あなたの業界の「原価」を見てみよう

⬇販売費及び一般管理費の人件費も、営業利益も、2番目の高さ

学術研究は、各種の研究所です。

専門サービス業には、弁護士、公認会計士、行政書士など士業の事務所のほか、デザイン業、著述業、芸術家業、経営コンサルタント業、興信所などが含まれます。

広告業もこの分類です。

技術サービスは、獣医、建築設計、測量、機械設計、商品検査など、他に分類されないものが入ります。

この分類は、とくに目立った特徴がありません。売上原価は約49%と、11業種中では低いほうです。逆に**販売費及び一般管理費は、約44%と高いほうになっています。**

販売費及び一般管理費の中では、人件費が約24%と11業種中2番目の高さです。士業やコンサルタント、設計、測量などの業種なので、当然といえます。そのためか、営業利益の6・7%も11業種中2番目の高さとなっています。

これが学術研究、専門・技術サービス業の原価です

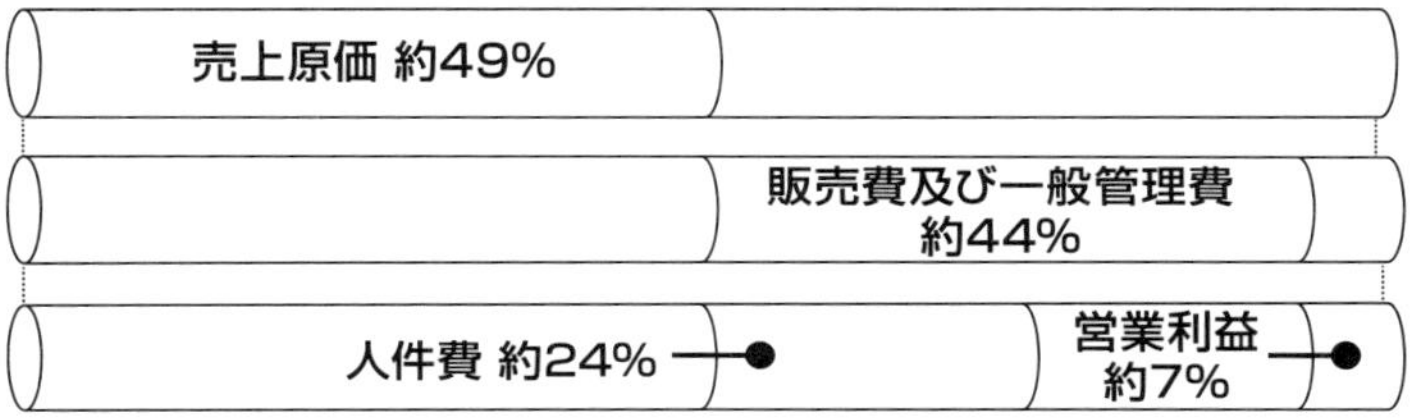

（学術研究等法人企業合計）	原価別構成比	売上高構成比
売上高	−	100.0%
売上原価	100.0%	49.4%
商品仕入原価	19.4%	9.6%
材料費	4.3%	2.1%
労務費	23.6%	11.6%
外注費	32.8%	16.2%
減価償却費	1.0%	0.5%
その他の売上原価	19.0%	9.4%
売上総利益	−	50.6%
販売費及び一般管理費	100.0%	43.9%
人件費	53.9%	23.6%
地代家賃	5.3%	2.3%
水道光熱費	0.9%	0.4%
運賃荷造費	0.4%	0.2%
販売手数料	0.4%	0.2%
広告宣伝費	0.6%	0.3%
交際費	2.1%	0.9%
減価償却費	3.4%	1.5%
従業員教育費	0.2%	0.1%
租税公課	2.6%	1.1%
その他の経費	30.1%	13.2%
営業利益	−	6.7%

［中小企業庁　中小企業実態基本調査　平成30年（2018年）速報より作成］

宿泊業、飲食サービス業

あなたの業界の「原価」を見てみよう

売上総利益率は最高、販売費及び一般管理費の割合も最高

宿泊業、飲食サービス業の原価構成は非常に特徴的です。売上原価は38％と、11業種中最低、したがって**売上総利益（粗利益）は62％と最高**になっています。

ところが、これも11業種中最高の**販売費及び一般管理費約60％が、利益を大きく削るので**す。その結果、営業利益は２・１％と、平均を下回る結果になっています。

販売費及び一般管理費が大きくふくらむ原因のひとつは人件費です。27％以上と、11業種中最高です。これは業種を考えれば、やむを得ないでしょう。

しかし、11業種中最高は人件費だけではありません。**地代家賃、水道光熱費、販売手数料その他の経費も最高の割合**です。広告宣伝費１％と減価償却費３％台も、11業種の中では高いほうになります。いずれの経費も、宿泊業、飲食サービス業という業態からは欠かせないものなのでしょう。その代わり、売上原価を低く抑えて、ようやく一定の利益をあげているのがこの業種の原価構成といえます。

これが宿泊業、飲食サービス業の原価です

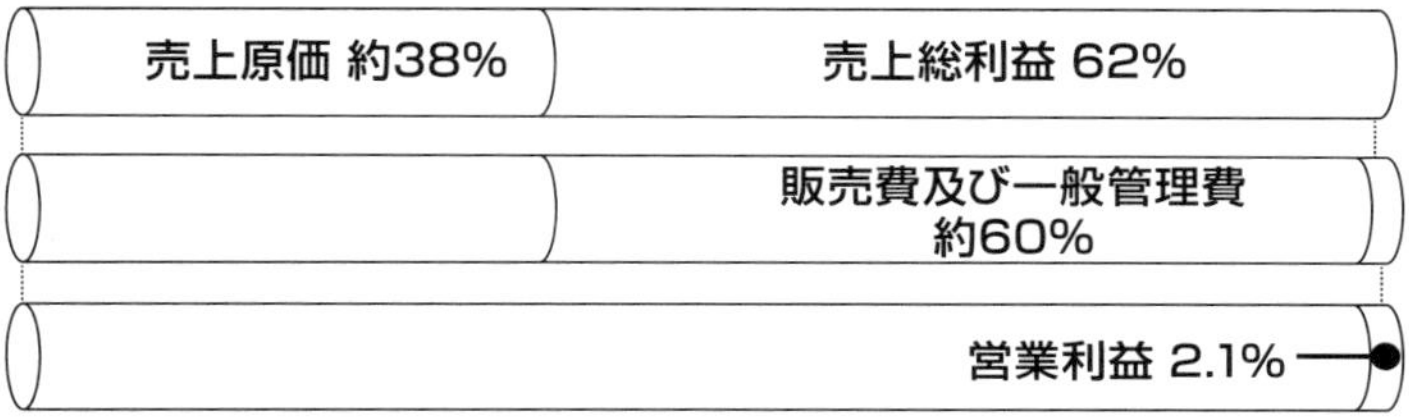

（宿泊業等法人企業合計）	原価別構成比	売上高構成比
売上高	－	100.0%
売上原価	100.0%	38.0%
商品仕入原価	49.3%	18.7%
材料費	31.9%	12.1%
労務費	13.7%	5.2%
外注費	1.3%	0.5%
減価償却費	0.3%	0.1%
その他の売上原価	3.4%	1.3%
売上総利益	－	62.0%
販売費及び一般管理費	100.0%	59.9%
人件費	46.0%	27.5%
地代家賃	8.3%	5.0%
水道光熱費	6.9%	4.1%
運賃荷造費	0.4%	0.2%
販売手数料	2.6%	1.6%
広告宣伝費	1.7%	1.0%
交際費	0.5%	0.3%
減価償却費	5.3%	3.2%
従業員教育費	0.1%	0.1%
租税公課	2.2%	1.3%
その他の経費	25.9%	15.5%
営業利益	－	2.1%

［中小企業庁　中小企業実態基本調査　平成30年（2018年）速報より作成］

あなたの業界の「原価」を見てみよう

生活関連サービス業、娯楽業

売上原価も販売費及び一般管理費も平均に近い

生活関連サービスの代表的なものは、クリーニング、ヘアカット、ビューティサロン、銭湯などです。そのほか、旅行、家事サービス、冠婚葬祭なども生活関連サービスに分類されます。

一方、娯楽業には、映画館、劇場（劇団なども）、競馬場・競輪場・競艇場などがあります。そのほか、スポーツ施設を提供する、体育館、ゴルフ場（ゴルフ練習場も）、ボーリング場、テニスコート、フィットネスクラブなども娯楽業の分類です。また、遊園地やテーマパークも娯楽業ですし、ビリヤード場、囲碁将棋の会所、麻雀、パチンコ、ゲームセンター、カラオケなど、ほとんどの娯楽が含まれています。

売上原価は66％、販売費及び一般管理費は約32％と、いずれも平均に近い割合です。

他と比べて比較的高い経費としては、広告宣伝費の１％、減価償却費の約３％がありますが、これは生活関連サービスと娯楽業の業態に起因するのかもしれません。

これが生活関連サービス業、娯楽業の原価です

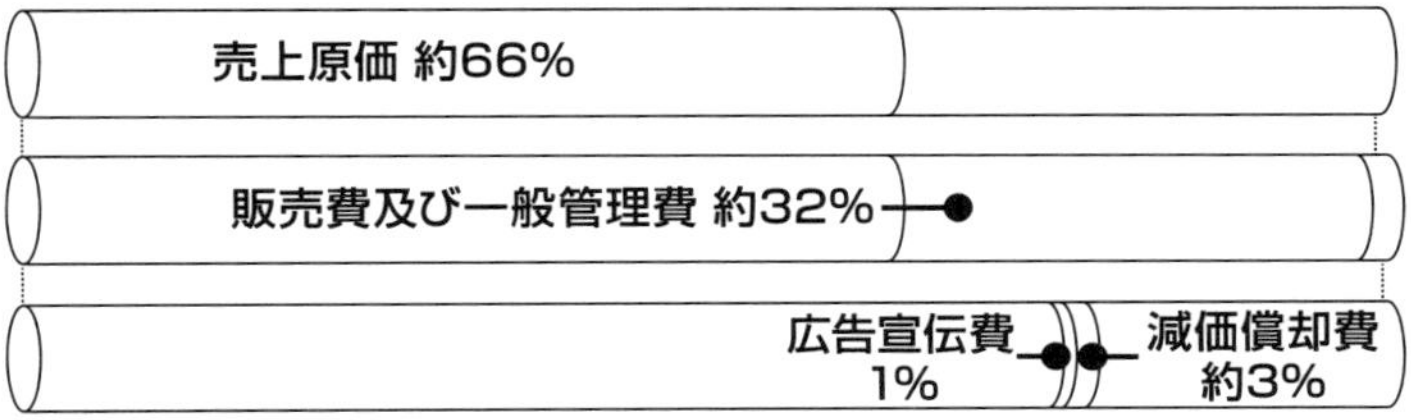

（生活関連等法人企業合計）		原価別構成比	売上高構成比
売上高		−	100.0%
売上原価		100.0%	66.0%
	商品仕入原価	81.0%	53.5%
	材料費	1.8%	1.2%
	労務費	3.0%	2.0%
	外注費	2.9%	1.9%
	減価償却費	0.6%	0.4%
	その他の売上原価	10.7%	7.1%
売上総利益		−	34.0%
販売費及び一般管理費		100.0%	32.1%
	人件費	39.7%	12.8%
	地代家賃	10.0%	3.2%
	水道光熱費	4.1%	1.3%
	運賃荷造費	0.4%	0.1%
	販売手数料	1.5%	0.5%
	広告宣伝費	3.1%	1.0%
	交際費	0.8%	0.3%
	減価償却費	9.8%	3.1%
	従業員教育費	0.2%	0.1%
	租税公課	2.5%	0.8%
	その他の経費	28.0%	9.0%
営業利益		−	1.8%

［中小企業庁　中小企業実態基本調査　平成30年（2018年）速報より作成］

サービス業（他に分類されないもの）

あなたの業界の「原価」を見てみよう

含まれる業種が多彩なので、原価構成は平均に近いものになる

他に分類されないサービス業の主な業種をあげておきましょう。

まず、廃棄物処理業（産業廃棄物を含む）、自動車整備業、機械等の修理業、表具（掛物や屏風・ふすまなど）業、家具・時計・靴などの修理業、職業紹介・労働者派遣業、速記・ワープロ入力、ビルメンテナンス、警備、コールセンターなどがあります。意外かもしれませんが、経済団体や労働団体、学術・文化団体、政治団体、宗教などもこの分類です。

他に分類されないサービス業は、含まれる業種が多彩なので、原価構成も11業種の平均に近いものになっています。たとえば売上原価は、11業種の単純平均が64・5％のところを59・8％、販売費及び一般管理費は平均が31・8％のところを36・4％です。とくに営業利益は、11業種単純平均3・7％に対して、この分類は3・8％になっています。

この営業利益率は、利益率が一般に低めのサービス業としては高いほうですが、全体として見れば平均的なレベルなのです。

サービス業（他に分類されないもの）の原価です

（サービス業法人企業合計）	原価別構成比	売上高構成比
売上高	－	100.0%
売上原価	100.0%	59.8%
商品仕入原価	13.6%	8.2%
材料費	6.4%	3.8%
労務費	40.3%	24.1%
外注費	25.9%	15.5%
減価償却費	1.1%	0.7%
その他の売上原価	12.7%	7.6%
売上総利益	－	40.2%
販売費及び一般管理費	100.0%	36.4%
人件費	54.2%	19.7%
地代家賃	4.3%	1.6%
水道光熱費	1.0%	0.3%
運賃荷造費	1.1%	0.4%
販売手数料	0.7%	0.3%
広告宣伝費	1.1%	0.4%
交際費	1.3%	0.5%
減価償却費	3.5%	1.3%
従業員教育費	0.2%	0.1%
租税公課	2.6%	1.0%
その他の経費	29.9%	10.9%
営業利益	－	3.8%

［中小企業庁　中小企業実態基本調査　平成30年（2018年）速報より作成］

部門個別費 …… 136
部門別計算 …… 134
不利差異 …… 169
平均法（仕掛品） …… 150
変動費 …… 86

【ホ・ミ】

法人税 …… 56

会社の「所得」に対して課税される税金。所得とは要するに会社の儲けのことだが、財務会計上の「利益」とはイコールでない。利益が売上などの「収益」から「費用」を差し引いて計算するのに対して、所得は「益金（えききん）」から「損金（そんきん）」を差し引いて求めるためである。財務会計が収益としないものにも益金とされるものがあり、費用として処理したものの中にも損金として認められないものがある。このような「益金算入」「損金不参入」の処理をするため、利益と所得は必ずしも一致しない。

法定福利費 …… 51
保管料 …… 121
保険料（経費） …… 120
保険料（材料費） …… 108
保険料（販売費及び一般管理費） …… 51
補助経営部門 …… 136
補助材料費 …… 75
補助部門 …… 134
本社費 …… 172
見込生産 …… 156

【ヤ・ユ・ヨ】

役員報酬 …… 51
有利差異 …… 170
予算管理 …… 70
予算差異 …… 169
予定価格法（材料費） …… 106
予定個別賃率 …… 119
予定平均賃率 …… 118

【リ・レ・ロ】

リソース …… 188
理想的標準原価 …… 168
旅費交通費 …… 51
連産品 …… 154
労務費 …… 72, 110

【ワ】

割引料（手形） …… 55

直接作業時間法（配賦基準）………… 142
直接配賦法 ………… 138
直接費 ………… 76
直接労務費 ………… 116
直接労務費差異 ………… 170
直接労務費法（配賦基準）………… 142
賃金 ………… 112
賃借料 ………… 120
賃率 ………… 118
賃率差異 ………… 170

【ツ・テ・ト】

通信費 ………… 51
電力料 ………… 120
当期製造費用 ………… 146
等級別総合原価計算 ………… 154
特定製造指図書 ………… 158
特定製造指図書ナンバー ………… 158

特別損失

損益計算書は大きく、経常的な損益の部分と特別な損益の部分に分かれているが、その特別な損益の部分に記載される損失。「経常利益」に「特別利益」を加えて、この特別損失を差し引いたものが「税引前当期純利益（損失）」となる。特別損失には、臨時的な事柄や特別の事態による損失が計上される。固定資産売却時に簿価を下回った場合の「固定資産売却損」、不意の天災による「災害損失」などが代表的。

【ニ・ネ・ノ】

荷造運賃 ………… 51
荷役費（材料費）………… 108
燃料費 ………… 98
能率差異 ………… 170

【ハ】

配賦 ………… 136
配賦基準 ………… 80
発生経費 ………… 122
販売費 ………… 44
販売費及び一般管理費 ………… 46

【ヒ】

引取運賃（材料費）………… 108
非原価項目 ………… 54
費目別計算 ………… 132
標準原価 ………… 84, 164
標準原価計算 ………… 82, 164
標準製造間接費 ………… 168
標準直接材料費 ………… 168
標準直接労務費 ………… 168

【フ・ヘ】

賦課 ………… 136

副産物

製品を作るときに何か副産物ができて売却できる場合、原価計算では、原価や利益の一定額を控除した残りを、元の製品原価から差し引くことになっている。自社で利用できる場合も、それを買わずに節約できた分を差し引く。金属加工で出る切削屑などの「作業くず」や仕損品が、売却や自社利用できる場合も同様の処理をする。

福利厚生費 ………… 51
福利施設負担額 ………… 121
福利費 ………… 112
物量基準（配賦基準）………… 142
部分原価 ………… 84
部門共通費 ………… 136

全部原価 ………………………………… 84

【ソ】

操業度 ………………………………… 87
操業度差異 ………………………… 170
総原価 ………………………………… 62
総合原価計算 ……………………… 152
相互配賦法 ………………………… 139
総製造費用 ………………………… 146
総費用線 …………………………… 182
総平均法(材料費) ……………… 105
素価法(配賦基準) ……………… 142
測定経費 …………………………… 122
租税公課 ……………………………… 51
租税特別措置法 ……………………… 55
損益計算書 …………………………… 58
貸借対照表と並ぶ、最も重要な決算書のひとつ。貸借対照表が会社の財政状態をあらわすのに対して、損益計算書は会社の経営成績をあらわす。そのために、売上高から売上原価を差し引いた「売上総利益」に始まって、「営業利益」「経常利益」「税引前当期純利益」「当期純利益」の５段階の利益を計算し、記載している。
損益分岐点 ………………………… 182
損益分岐点図表 …………………… 182
損益分岐点分析 …………………… 182

【タ】

貸借対照表
損益計算書と並ぶ、最も重要な決算書のひとつ。会社の資本が設備や商品などに運用されているようすを左側に、その資本を調達した出所を右側に記載することで、会社の財政状態をあらわす。左右の金額は必ず一致してバランスするので、英語では「バランスシート」という。日本語の「貸借」は、簿記の借方（かりかた＝左側）貸方（かしかた＝右側）からきており、お金の貸し借りの意味ではない。
退職給付費用 ……………………… 112
棚卸 …………………………………… 60
棚卸計算法(材料費) …………… 102
棚卸減耗費 ………………………… 124
棚卸資産
棚卸を必要とする資産のことで、具体的には商品、製品、半製品、原材料、仕掛品、貯蔵品などが含まれる。販売することで現金や預金に替わるが、その現金・預金や現金預金に替わりやすい受取手形、売掛金などは「当座資産」として区別される。棚卸資産と当座資産などは比較的換金しやすい、つまり流動性が高いので、「流動資産」として分類され、土地建物や機械設備などの「固定資産」とは区別される。
棚卸高 ………………………………… 60
単位原価 ……………………… 129, 146
単位限界利益 ……………………… 176
単純総合原価計算 ………………… 154

【チ】

注文生産 …………………………… 156
直接経費 …………………………… 124
直接原価 …………………………… 176
直接原価計算 ………………… 82, 174
直接工 ……………………………… 116
直接材料費 …………………………… 98
直接材料費差異 …………………… 170
直接材料費法(配賦基準) ……… 142
直接作業時間 ……………………… 118
直接作業時間差異 ………………… 170

索引 & 用語解説

ので、貸借対照表の左側に記載されている。資本の出所は貸借対照表の右側に、「負債」（他人資本）と「純資産」（自己資本）に分けて記載されている。

仕損
材料の不良や加工の失敗で、不良品を作ってしまうこと。「仕損」と書いて「しそんじ」と読む。異常な仕損の費用は営業外費用か特別損失になるが、通常範囲の仕損は原価に含まれる。ただし、普通の原価計算ではとくに「仕損費」の費目は設けず、最終的な完成品などの原価に含める。加工中に材料が蒸発などして減るのは「減損（げんそん）」と呼び、仕損と同様に処理する。

地代家賃 …………………………… 51
実際原価 …………………………… 84
実際原価計算 ……………………… 82
実際個別賃率 ……………………… 119
実際平均賃率 ……………………… 119
支払経費 …………………………… 122
支払手数料 ………………………… 51
支払労務費 ………………………… 114
従業員賞与・手当 ………………… 112
修繕料 ……………………………… 121
実際の機械の修繕などでは、材料費・労務費・経費のすべてにわたって費用が発生することがある。そのような場合、全部をひとつの費目にまとめて「修繕料」として、経費に計上することができる。これを「複合費」とか「複合経費」という。複合経費の例としては、修繕料のほかに「運搬費」などがある。

住民税 ……………………………… 56
地方自治体が住民に提供する行政サービスのコストを、住民に一部負担してもらうという税金で、法人にも

同じ趣旨で課税される。「法人税」「事業税」とともに、会社の所得に対して課税される税金。「都道府県税」と「市町村税」の2つの部分がある。

重量法（配賦基準）………………… 142
主要材料費 ………………………… 96
消費価格（材料費）………… 100, 104
消費量（材料費）…………………… 100
消費労務費 ………………………… 114
消耗工具器具備品費 ……………… 96
消耗品費 …………………………… 51
賞与 ………………………………… 51
準固定費 …………………………… 88
準変動費 …………………………… 88
真実の原価 ………………………… 85
水道光熱費 ………………………… 51
水道料 ……………………………… 120
数量差異 …………………………… 170

【セ】

正常原価 …………………………… 169
製造間接費 ………………………… 124
製造間接費差異 …………………… 170
製造経費 …………………………… 50
製造原価 ……………………… 40, 44
製造原価明細書
損益計算書の附属明細書のひとつで、製造業の重要な決算書。製造原価の内訳を、材料費・労務費・経費に分類して記載し、仕掛品原価を加減して当期製品製造原価を計算する。「製造原価明細表」「製造原価報告書」ともいう。

製造部門 …………………………… 134
製品原価 …………………………… 84
製品数量法（配賦基準）…………… 142
製品単位 …………………………… 128
製品別計算 ………………………… 140
節税 ………………………………… 195

減価償却費 …… 51, 98, 120
機械や設備などの固定資産は、購入した時点で一度に費用として処理せず、いったん会社の資産として計上する。しかし、年数が経つにつれて古くなって価値が目減りするので、減った分の価値を毎年、費用として計上していく。この手続きが「減価償却」で、計上する費用が「減価償却費」。どれくらいの年数で償却するかは「法定耐用年数」として定められている。
原価単位 …… 129
原価低減 …… 195
原価の３要素 …… 72
原価標準 …… 168
原価部門 …… 134
現実的標準原価 …… 168

【コ】

広告宣伝費 …… 51
交際費 …… 51
会社の立場からすれば交際費も必要不可欠の費用（販売費及び一般管理費）だが、税法の立場からは冗費（ムダな費用）とされ、原則として税額計算上の費用（損金）には認められない。ただし、2019年現在は消費拡大のために飲食費の一部の損金算入が認められている。また、中小企業も特例で一部を損金処理できる。
工場管理部門 …… 136
工場消耗品費 …… 96
工程別総合原価計算 …… 154
コスト・オブジェクト …… 188
コストセンター …… 134
コストダウン …… 162, 194
コスト・ドライバー …… 188
固定費 …… 86
個別原価計算 …… 152, 156
個別法（材料費） …… 105

【サ】

最終仕入原価法（材料費） …… 106
財務会計 …… 90
通常、会社の経理部門が決算書を作成するために行なっている会計の方法。この財務会計に対して、経営に役立つデータを提供することを目的にした会計は「管理会計」という。標準原価計算や直接原価計算も管理会計といえるが、ほかにも決算書を分析する「経営分析」などの手法がある。
材料費 …… 72, 94
材料副費 …… 108
先入先出法（材料費） …… 104
先入先出法（仕掛品） …… 150
雑給 …… 112
雑費 …… 51

【シ・ス】

仕入原価 …… 40, 42
仕掛品 …… 144
製造過程の中途にある生産物。「しかかりひん」と読む。よく似た棚卸資産に「半製品」があるが、そちらは中間的な生産物として貯蔵中のものをいう。また、同じく貯蔵中のものでも、補助材料や消耗工具器具備品など、主要な材料でないものは「貯蔵品」として区別される。
試験研究材料費 …… 75
資産
会社が商売を行なうためのお金＝資本が、設備や商品在庫など、どのように運用されているかをあらわすも原価と当期製造費用から、完成品原価と期末仕掛品原価を計算する際に、直接材料費と加工費に分け、直接材料費は数量で按分し、加工費は完成品換算量で按分するといった使い方をする。
加工費工程別総合原価計算 ………… 154
ガス代 ………… 121
活動基準原価管理 ………… 192
活動基準原価計算 ………… 188
完成品換算量 ………… 150
完成品原価 ………… 146
関税（材料費） ………… 108
間接経費 ………… 124
間接工 ………… 116
間接材料費 ………… 96
間接作業賃金 ………… 75
間接費 ………… 76
間接労務費 ………… 116
管理可能費 ………… 172
管理可能利益 ………… 172
管理不能費 ………… 172

【キ・ク】

機械運転時間法（配賦基準） ………… 142
機会原価
複数のビジネスプランから1つを採用するときに、別の「機会」を逃したことによる逸失利益を、原価として織り込むという考え方。たとえば、ある土地にスーパーを建設するプランがある場合、土地を売ってその資金を別の方法で運用したときの利益を「機会原価」とし、スーパー建設案の利益を計算する。つまり、複数の案がある場合に意思決定のために計算されるもので、「特殊原価」と呼ばれる。特殊原価には、いろいろな手法が開発されているが、いずれも一般的な原価計算の範囲外となる。
期間原価 ………… 84
期首仕掛品原価 ………… 146
期首棚卸高 ………… 60
寄付金 ………… 55
期末仕掛品原価 ………… 146
期末棚卸高 ………… 60
給料 ………… 112
金額基準（配賦基準） ………… 142
組別工程別総合原価計算 ………… 155
組別総合原価計算 ………… 154

【ケ】

継続記録法（材料費） ………… 102
経費 ………… 50, 72, 120
経費節減 ………… 195
決算書 ………… 68
商法などによって、すべての会社が作成を義務づけられている書類で、主に「貸借対照表」「損益計算書」「キャッシュフロー計算書」「株主資本等変動計算書」の4つからなる。会社にとっての成績表のようなものであり、外部の関係者にとっては投資や取引の判断材料となり、内部の経営者にとっては経営の舵取りをする最も重要な情報源になる。製造会社では「製造原価明細書」も重要な決算書のひとつ。
原価 ………… 38
限界利益 ………… 174
限界利益率 ………… 176
原価管理 ………… 70
原価計算 ………… 44, 68
原価計算期間 ………… 130
原価計算制度 ………… 90
原価計算表 ………… 146
原価差異 ………… 168

索引＆用語解説

本書は「原価」についての本なので、一般的な経営・経理の用語については本文中で詳しく説明していません。本文中で、意味がよくわからない用語が出てきたときは、この索引中の解説を参考にしてください。

【ＡＢＣ】

ＡＢＣ ……………………………………… 186
ＡＢＭ ……………………………………… 192

【ア・イ】

アクティビティ ………………………… 188
アクティビティ・ベースド・コスティング ……………………………………… 188
後入先出法（材料費） ……………… 104
後入先出法（仕掛品） ……………… 150
粗利益 …………………………………… 60
意思決定 ………………………………… 70
一般管理費 ……………………………… 46
移動平均法（材料費） ……………… 105

【ウ・エ】

売上原価 ………………………………… 58
売上総利益 ……………………………… 60
　決算書のひとつである損益計算書で、売上高から売上原価を差し引いて、最初に計算される利益。「粗（あら）利益」「あらり」ともいう。この利益が大きいほど、販売費及び一般管理費、営業外費用、特別損失などの、売上原価以外の費用を回収して利益を出す力が大きくなる。
売上総利益率 ………………………… 176

売上高に対して、売上総利益が何％になるかをあらわす指標。通常、会社ごとに毎年ほぼ同じ割合を示すので、外部環境や会社のマネジメント面に構造的な変化が生じていないかをチェックする指標になる。
売上高線 ………………………………… 182
営業費 …………………………………… 50
営業利益 ……………………………… 180
　決算書のひとつである損益計算書では、段階的に５つの利益を計算するが、その２番目に位置する利益。売上高から売上原価を引いて売上総利益を計算した後、販売費及び一般管理費を引いて計算される。営業利益は、会社の本業であげた利益をあらわす。

【カ】

買入手数料（材料費） ……………… 108
買入部品費 ……………………………… 96
会議費 …………………………………… 51
外注加工費 …………………………… 120
階梯式配賦法 ………………………… 138
価格決定 ………………………………… 69
価格差異 ……………………………… 170
加工進捗度 …………………………… 150
加工費 ………………………………… 146
　直接材料費以外の原価をまとめて加工費と呼ぶ。たとえば、期首仕掛品

❶

【監修者紹介】
久保豊子（くぼ・とよこ）
◎――三重県出身。一橋大学卒業（原価計算・管理会計専攻）。公認会計士、税理士。米国公認会計士試験合格。大手監査法人、個人共同事務所を経て、久保公認会計士事務所を開設。現在に至る。
◎――日本公認会計士協会理事、文部科学省「教科用図書検定審議会」委員、「大蔵省・新しい金融の流れをつくる懇談会」メンバーなどを歴任。現東京都児童福祉審議会委員。
◎――単なる「経理」「会計」の領域にとどまらない、経営戦略を見すえた税務・経営コンサルティングが持ち味。むずかしい経理・会計の話を、やさしく説明する平易な語り口には定評がある。
◎――著書に『図解でわかる原価計算　いちばん最初に読む本』（アニモ出版）、監修に『図解でわかる経営分析 いちばん最初に読む本』（アニモ出版）、『フリーランス＆個人事業主 いちばんラクする！ 経理のさばき方』（技術評論社）など多数がある。

これだけは知っておきたい「原価」のしくみと上手な下げ方　改訂版

2019年9月8日　初版発行
2024年6月30日　2刷発行

監　修　久保豊子
発行者　太田　宏
発行所　フォレスト出版株式会社
〒162-0824 東京都新宿区揚場町2-18　白宝ビル7F
電話　03-5229-5750（営業）
03-5229-5757（編集）
URL　http://www.forestpub.co.jp

印刷・製本　萩原印刷株式会社

ISBN978-4-86680-050-9　Printed in Japan